Славко Никић

НУЛТА КРВНА ГРУПА

РАД
Београд, 2013.

Љиљана Булатовић Медић

НУЛТА КРВНА ГРУПА

Жестоки запис честитог ратника
или
Крвава исповест џелата ОВК

Честитам издавачу!

Добио је аутора, тако оригиналног, каквог није било одавно на књижевној тржници у Србији.

Славко Никић нам је даровао свој првенац роман, ексклузивног садржаја о страдању српског народа на Косову и Метохији у предратно време (1998.).

Славко Никић сведок је најтамнијих тајни косовског колоплета с краја двадесетог века. И немилосрдни борац против злочина. А за правду.

Рођен у Приштини. Потиче из Црне Горе. Носи горштачку силину честитости. Опасног занимања.

Овај роман је једна од ноћних мора и свезаних сећања из дубоке бреше памћења ратника.

Немилице гласно и јасно прозива грех и дозива суочења. Речима ратује и после рата.

Славко Никић је последњих година експлозивно објављивао такве сећања-књиге и имао такве јавне наступе, да је било јасно да ће његови читаоци бити превасходно они који имају јако срце и знатижељни ум. И сам је преживео тешку неправду од своје Државе, за коју је спреман и даље да се жртвује.

НУЛТА КРВНА ГРУПА је његов први роман. Најавио га је својим рукописом „ЗЛАТНА НИТ – не само приче", који је хитно продат у пет хиљада примерака. Овим књигама Никић је снажно закорачио у савремену романсијерску литературу.

НУЛТА КРВНА ГРУПА први пут обелодањује кроз крајње сложену, апсолутно невероватну, али апсолутно истиниту исповест о стравичном, до сада непознатом злочиначком начину поништавања српских невиних заточеника, киднапованих од шиптарских терориста.

Славко Никић сведочи и описује први пут апсолутну истину о томе како су шиптарски бандити отимали крв до последње капи из вена српских заробљеника и преливали је у вене рањеника, највећих зликоваца – припадника тзв. УЂК, односно терористичке Ослободилачке војске Косова!

При том, у венама главног, везивног лика овог романа тече крв мајке Српкиње и оца Шиптара. Злочинац, има име и презиме. Да буде крволок, одабрала га је и обучила албанска служба Сигурими.

Славко Никић је у овом роману и сведок и познавалац читаве ситуације, свих имена која помиње, и последњи човек пред ким се овај џелат и несрећник исповеда над мртвом мајком, Српкињом, која је дошла да откупи свога млађег сина и брата, где од најстаријег сина сазнаје ужасну истину о томе шта им се десило... О томе и много чему сличном, сасвим непознатом, своје исповедање крвавим сузама заливао је власник драгоцене нулте крвне групе... а потом је себе разнео бомбом, у болници из које је слао стотине Срба преко границе у Албанију пред Жуту кућу албанској мафији, одакле су их испоручивали специјалним покретним болницама, у којима им ваде срце, бубреге, јетру, а остатак тела бацају у јаме...

У мртвом телу, у отвореним плућима крволока-самоубице, Славко је угледао срце како још увек откуцава...

Овај роман се не може читати у даху.

Већина ће изгубити дах већ после првих страница.

Ова књига није од оних које се „не испуштају из руку" док се не прочита.

Многима ће испасти из руку од узбуђења.

Ова књига није препоручљива за оне који не подносе истину о времену у коме живимо.

Аутор је жестоки ратник, честите душе, незаустављиве стваралачке енергије.

Рањивог срца.

Изворне вредности морала уткане су у његов живот, у његову борбу против свакојаког зла у Србији. Без остатка их уграђује у сва своја дела. Зато говори и исписује тешке предратне и ратне приче. И песме.

Пише сећања апсолутно јасно. Прозива поименце, све по имену и датуму. Тачно и немилосрдно. Народним језиком: мало архаичним, мало складно по професији ратног пуковника полиције, једног од најбољих српских оперативаца из тог времена.

Аутор верује у Божију правду, али тражи и правду овоземаљских судова. Мада је од режимског суда Србије лично тешко страдао под „Сабљом" 2003. године.

Међу десетинама најпознатијих политичких, полицијских и војних личности Србије, као најзначајнијег за његов став према животу, сматра генерала Ратка Младића, са којим је друговао у нека давна пресудна времена.

Каже да: „...верује у боља времена. Да су му Косово и Метохија друго име и презиме. Црна Гора му је звезда водиља, Србија га отхранила и гледа је као стару мајку, која је тешко оболела."

После свега што је преживео у животу, његов спас, а књижевној и уопште јавности специјална драгоценост, је у томе што своја сазнања, огорчења, увреде, непојмљива страдања његова и његовог народа – у бујицама претаче у једну, другу... девету књигу сећања и песама.

Овом роману претходили су документаристички текстови, неописиво драгоцени. Као збир синопсиса за нове романе. Или филмове. Или монодраме...

НУЛТА КРВНА ГРУПА је доказни материјал за оптужницу против злочиначког корена дивље назовидржаве „Косова".

НУЛТА КРВНА ГРУПА је свакако књига коју би сваки писмени човек морао да има и чита као подсетник и подстицај за борбу за достојанство свог народа. То је књига која би морала наћи израз и на неком страном језику...

НУЛТА КРВНА ГРУПА је роман наде за будућност српског романсијерства.

Љиљана Булатовић Медић

Београд, 31. јануара 2013.

Посвета читаоцима

Прошло је тек дванаест година од завршетка грађанског, а ја бих рекао и светског рата на Косову и Метохији, на југу Србије.

Зашто нико од Срба који су учествовали у многим антитерористичким операцијама, сведоци невероватних злочина над својим сународницима не пише? Зашто ћутимо?

Нашу браћу су убијали само из разлога који у ствари и није разлог за смрт, већ за понос и живот.

Бити Србин данас значи сетити се, отерати страх од себе, написати извештај са терена или роман, али написати. Ако сви ћутимо и прођемо овоземаљски живот – у заборав ће пасти они који су страдали невини, али и њихови џелати, припадници терористичке УЋК.

Не плашим се ни невладиних организација, њих нека се плаше они који су под њиховом заштитом правили злочине над српским народом.

У животу сам заиста видео и доживео толико тога, да сам се забринуо да не почнем да заборављам моје другове, њихове судбине, као и догађаје за које сам био сигуран, да их никада нећу заборавити. Али, ја заиста те необичне људе и њихове још необичније животе, ратне страхоте и када бих хтео не могу да заборавим. То ме прати, шта год да радим, где год да сам. То ме опомиње и потмуло боли.

Једанаестогодишња Јована доживела је голготу коју нормални људски ум не може да замисли, а камо ли да уради. Те мрачне 1998. године била је киднапована, заједно са мајком и баком.

Биле су заточене у логору у селу Клечка, између Штимља и Суве Реке, заједно са небројеним Србима из тога краја. То је правац којим пролазе сви који иду према граду Призрену из правца Приштине, Урошевца, Гњилана и свих градова централне Србије. И обрнуто. То је један од логора широм Косова и Метохије, у којима су под страшним мукама издисали Срби, па и Албанци. Под командом зликоваца, као што су Хашим Тачи – Змија, Рамуш Харадинај, Фатмир Лимај и слични киднаповани су и мучени на нељудске начине, уграђујући српске страдалничке судбине у њихов давно замишљени циљ: да Србији отму срце и створе своју малигну државну творевину.

Када су Јовану истргли из руку мајке и баке, силовали су је пред мноштвом немоћних, везаних, рањених Срба, браћа Љуан и Беким Мазреку, шиптарски припадници такозване Ослободилачке војске Косова („УЋК"), а потом су је живу спалили. Мајка је до смрти кукала, дозивајући је по имену. Тако су шиптарски зликовци и сазнали како се ово дете звало, пре него што су је бацили у ватру и живу спалили.

И бака је убрзо преминула. Срце јој је пукло.

Када смо стигли на лице места, да би извршили увиђај, рука мале Јоване се још димила. Остали део тела био је потпуно угљенисан, а њена рука као да је тражила помоћ или махала мами и баки. Отворена шачица, откинута испод лакта још увек се димила.

Од тада до данас узалудно сам трагао за њеним презименом... Судбина њена ме је толико окупирала, потресла јако и тужно да је она почела да живи у мојим књигама. Једноставно – не могу да дозволим да буде заборављена. Своју прву збирку песама сам њој посветио и њеним именом назвао. А прва песма се зове Јована.

То што се десило малој Јовани, српски народ никада не сме да заборави и опрости. Тај случај заслужује посебну пажњу и место у историји једнако погибији дечака Саве Петковића на Чукур-чесми. Њега је 15. јуна 1862. године убио турски војник само због тога што је, као Србин, био у реду пре Турчина да наточи воду. Чесма, као сећање на тај догађај, је подигнута 1931. године. Једини смртни грех Саве Петковића је што је био Србин. Једини смртни грех мале Јоване је то што је била Српкиња.

Јована је српска хероина и не може да оде у заборав. Она је један од историјских симбола етничког чишћења српског народа са Косова и Метохије, које су извршили заједничким снагама локални криминалци, терористи, убице и њихови ментори, халапљиви моћници, којима је симбол Бил Клинтон и његова администрација. Заслужила је своје спомен обележје и вечни помен у православним црквама.

Оно што такође не сме да буде заборављено је – да је потом администрација Државе Србије учинила можда тежи злочин над Србима у Клечки, када су законском одредбом 2002. године пустили на слободу све шиптарске терористе који су за своја призната и доказана зверства правоснажно били осуђени на вишедеценијске затворске казне. Међу њима су били и браћа Мазреку, који су признали да су баш они извршили злочин над малом Јованом.

Уз све то, они су, заједно са другим терористима, учествовали у зверствима, не само над Србима, које су јула месеца 1998. године киднаповали у Ораховцу. Том приликом је киднаповано 43 цивила, међу којима је било деце од 6 месеци, па до стараца. Одведени су у Малишево, а потом у Клечку. И ту им је био крај. А шиптари који су од стране тих истих терориста мучени и убијени су: Агим Таћи и Фаик Битићи. Љуан је отетим Шиптарима кидао ножем уши, нос и мали прст, а затим их држао док им је Дардан Красниђи вадио очи, секао прсте на ногама и рукама, па онда десну руку до лакта и на крају их заклао косом. То су им радили припадници шиптарске „УЋК", јер су ова двојица одбијали наређења „УЋК".

Њиховим ослобађањем, режим Србије учинио је неопростиви злочин над невиношћу и чашћу српског рода и порода.Тиме су затровали до много векова заједничку будућност Срба и Шиптара на југу Србије.

Тако је српска држава преузела на себе кривицу за нечињење, јер нису казнили смртне непријатеље српског народа. Јер су доказану кривицу за скарадни злочин поништили и још једном узели на најстрашнији начин невиност мале Јоване. Наругали се болу свих мајки невино страдалих и потомака и мајки свих убијених, несталих и рањених Срба са Косова и Метохије.

Јованини и остаци других киднапованих Срба. Фото запис са увиђаја извршеног у селу Клечка испред кречане у коју су је турнули ови зликовци

Припадници УЋК, Љуан и Беким Мазреку, који су извршили злочин над малом Јованом су ослобођени и поред признања зодела. Ослободила их је ДОС-ова власт, под притиском невладиних организација

Јована

Дете је била – ко друго свако
крвник је срео и мајку њену
за тим дететом и камен је плак'о
и ја кад чух суза ми крену.

Клечка се зове Косметско село
кречана чувена по страшном злу,
њено блажено, дечије тело
крвник у ватру убаци њу.

Зашто је она платила све
кад ништа ником узела није
невино дете била је
и није знала да се крије.

Крвник је пита – ко си ти
Тихо му рече, немаше страха
људско сам биће – као и сви
рече му дете – из једног даха.

Српкиња ти си – Шиптар јој прети,
промени веру, за свој спас,
Српкиња јесам, к'о моји свети,
никада – врисну дечији глас.

Пред мајком њеном, злотвор је баца
у ватру љуту, уз зверски смех,
за српску веру, погибе Јаца
не хтеде живот, одбија грех.

Дете је била, Српкиња, мала
не мога она да се брани,
за своју веру живот је дала,
остаде Јована на српској страни.

Свакога дана сетим се ње
храбрости праве детета тог,
за српску веру дала је све,
ко уби Јовану – убио га Бог.

Ако дете светац може да буде
молимо бога, анђеле све,
узмите Јовану нек светац буде,
крвнику свом што рече не.

Храброст показа Јована тада,
за веру живот она је дала,
у ватру љуту скочила млада,
јер шта је вера добро је знала.

Сведок и записничар

Бол сваке мајке је најтежи овоземаљски бол. И свака суза и сваки јецај када је мајкин боли више од осталих.

Зато ми је по својој необичности, по заплету и драми коју носи у себи, сећање на судбину једног шиптарског припадника тзв. ослободилачке војске Косова, остало у памћењу дубоко урезано. Колико год се трудио, желео, борио се да га заборавим, не могу. Сећање и утисак су јачи од рационалног расуђивања.

То је тема овога рукописа: официр УЋК и његова истина, како је продавао „своју" крв шиптарским терористима. Шиптар – син Ене и Енвера, српског полицајца. Породица се распала од тортуре Енверове. Постао је криминалац, убица полицајца, официр „УЋК". Прворазредни злочинац. Продавац српских људских органа, продавац српске људске крви у болници која није „жута кућа".

Шта мржња може да уради од човека испричао ми је официр УЋК кога сам у тој болници заробио. Одлучио је да ми све каже, иако то од њега нисам тражио. Терориста и ратник, Шиптар у чијим венама је текла нека друга крв, недужним киднапованим Недужним Србима је узимао крв до задње капи и давао је својим саборцима, Шиптарима. Грубо, сурово, монструозно се поигравао са породицама заробљених Срба, па и са својом мајком, најзад.

Убио је много невиних Срба да би се доказао као „добар" Шиптар пред официрима Сигуримија и „добар" србомрзац пред официрима ЦИА. Доказивао им је да Србе убија хладнокрвно и без грижесавести. Тако је само говорио и радио, а шта је мислио док их је убијао, то је само мени рекао.

Љубећи руке своје мртве мајке, у локви крви, избезумљен од спознаје ужаса којим је он управљао, исповедао ми се, својом жељом. Као што ме је молио да га саслушам, тако ме је после своје исповести замолио да га оставим насамо са својом мајком. Савијен под њеним ногама убио се. После многих српских живота, одузео је и свој.

Све је успевао шиптарски терориста – монструм, осим да промени крв у својим венама. Знао је он да то није крв његовог оца Енвера, већ његове мајке мученице – Ене (како су је звали укућани). Ту драгоцену нулту крвну групу, наследио је од мајке. Раздирала га је та истина. И свима се светио. На крају се осветио и себи. Казнио је себе, шиптарског борца – злочинца!

Да ли је он био још један доктор Менгеле 20. века или жртва геноцида над Србима, који је и он сам спроводио, а који се одвијао пред очима светске јавности, на Косову и Метохији, остаје читаоцима да процене.

Рат подразумева смрт. И несреће – тренутне и трајне, никад зацељене. У ратовима бивају уништена читава насеља, градови, историјски споменици културе, манастири, гробља... Страдају на најмонструозније начине стотине, хиљаде храбрих војника у име одбране слободе, части и достојанства своје отаџбине, немоћних и невиних старих родитеља, нерођене и дечице у колевкама, или у раном детињству. На жалост, у ово наше време мало је описаних таквих судбина. Али ће морати пре или касније, бити записане.

Најзад, да напоменем: као све што пишем, и ова књига је ИСТИНА. А ја њен сведок и записничар. Ову истину забележио сам већ давне, 1998. године.

*Припадници шиптарске терористичке
организације УЋК
поред закланог Србина позирају фотографу*

Наређење

Са јединицом полиције налазио сам се у Призрену 1998. године. Стари српски град, на самој граници са Албанијом. Напади шиптарских банди су свакога дана постајали јачи и без икакве стратегије, бандитски.

Свакога дана, од обичне пљачке, силовања, уништавања покретне и непокретне имовине, па до најбруталнијих убистава и киднаповања биле су „ратне" операције и „ратни" циљеви шиптарских банди. Полиција Србије је давала све од себе да то спречи, или бар умањи. Тешко је то ишло. Недовољан број људи у таквој ситуацији само даје ветар у леђа другој страни.

Зашто нисмо прихватали помоћ Војске Југославије која нам се нудила, никада ми није било јасно. Гинули су полицајци и цивили свакодневно, а неко у врху државе Србије се инати на српску штету. Тако је то изгледало из перспективе полицајца, Србина на Космету 1998. године.

Те године командант полиције за регион Призрена са околином био је Зека. Једно време је тамо боравио и генералпуковник српске полиције, Радомир.

Сваког јутра смо код њих на договор ишли Милан, Тепа, Милош, Косијанер, ја и још неки официри који су били задужени за извођење акција на терену, по пријему наређења баш од Зеке или Радомира који је најчешће и сам ишао у акције. Пред крај лета нам се у свакодневним активностима придружио генерал Раде. Он је дошао из Београда.

Када нас је Раде видео из близа – онако измучене, прљаве и неуредне, доживео је шок, сигуран сам. А како смо мирисали или, боље речено, смрдели од некупања, то ја не могу да коментаришем. Сви смо били у истом лонцу.

Цело лето сам провео у једним вуненим чарапама. То сам научио још у Босни, да је најбоље носити их када си стално у чизмама, без обзира на годишње доба.

После неколико дана и генерал Раде је заборавио да се обрије, следећег јутра да се пресвуче, па да промени пешкир. Постао је део нас. Сада смо сви исти.

Тога дана, када сам упознао шиптарског војника УЋК – Агима, стигло је наређење да се изврши напад на илегалну болницу УЋК. Болница се налазила у селу Блаце, недалеко од Суве Реке, између Призрена и Штимља. Постојале су информације да се у њој налази затвор за киднаповане Србе и „непослушне" Шиптаре. Причало се да је то само пролазна станица за заробљенике, које су Шиптари ноћу пребацивали у Албанију.

Направљен је план. Поделили смо се у четири групе. Одређен је тачан термин почетка акције.

Августовско јутро у Метохији је лепо у свакој, осим у ратној, ситуацији. Имао сам несрећу да и то доживим. То августовско јутро било је препуно оне лепоте Метохије коју деца описују у својим писменим задацима, али није било лепо.

Није могло да буде лепо.

Рат је. Људи се завукли по околним брдима, у шумарцима и ко зна још где. Само их није било тамо где треба. По њивама, пољима, двориштима и кућама.

Стока је лутала изгубљена и без надзора. Краве су ми деловале најтужније. Траве има и оне пасу. Знају где је извор и пију воду, као и раније. Доћу до штала, али у њих не улазе. Чекају газдарицу да их помузе. А газдарице нема. Никога нема да преузму то бело благо, које су краве свакога дана приносиле, колико и раније.

Тужно и тегобно је било гледати како се краве крећу, док им се виме вуче по земљи, само што не пукне. Мислим: колико ли деце пати од глади, ко зна по каквим склоништима и беспућима, а краве потмуло ричу, стоје пред шталама, копају предњом ногом и шибају репом... Жао ми их је било колико и сва жива бића, па и људе. Али, људи су у ствари и кривци за све ово. Неке не треба ни жалити. Животиње су недужне.

Мени је додељен задатак да са мојом јединицом извршим упад у ту илегалну болницу, после акције коју изводи Тепа са својим људима.

Он је морао да одради најтежи део посла. Морао је да разбије организоване наоружане сеоске страже и обезбеђења која су давали сами сељаци, Шиптари, под командом својих вођа.

Раном зором смо се упутили према циљу. Тепа је морао да неутралише и све оне који су се под оружјем налазили по рововима, којих је било у том делу Метохије на десетине километара.

Знали смо да ће бити тешко. Први пуцњи су се чули само што је јединица коју је он предводио, скренула са магистралног пута, на сеоски, који води ка селу Блаце.

Стари специјалац је свој део посла одрадио врло професионсално и за „само" неколико сати борбе. На радио станици сам чуо његов глас.

За ту врсту комуникације и ту акцију моје име је било Добруша.

Командује стари специјалац „Добруша нека крене".

Са неколико теренских, блиндираних возила, моји људи и ја смо кренули. Ми нисмо имали проблема. Само пар пуцњева се чуло, ко зна одакле и у ком правцу се пуцало. Ништа „озбиљно".

Тепа је стварно очистио терен. Стигли смо до центра села. Уске улице, благи успон. Зидови око свих кућа, висине најмање два метра. Са леве стране, велика троспратна, неомалтерисана кућа је, уствари, и моја мета.

То је био објекат у коме је смештена илегална болница УЋК. Возилима препреченим по средини пута неутралишемо могућност да нам неко са леђа приђе другим возилима, из којих би могли да на нас отворе ватру и угрозе нашу акцију и људство.

Пешке полако крећемо. Распоред је одређен тако да један другога можемо да видимо. Стигао сам до улазних врата те болнице, када сам на крову суседне куће видео човека са пушком, који је очигледно био у стрељачком грчу, очима сам показао Косијанеру, иначе искусном полицајцу криминалистичке полиције, да је у опасности од човека који га држи на нишану.

Као у филмовима, Косијанер реагује муњевито, са једним хицем неутралише опасност. Тако се то зове: „неутралисати опасност"!

Припадник УЂК пада буквално испред њега, сав крвав. За нас старије то и није био неки призор, али за младог полицајца из Прокупља испред кога је пао терориста погођен у главу, то је био шок. Он почиње да вришти и рафалном паљбом пуца окрећући се у круг. Буквално полудео, пук'о човек. Њега смо морали да смиримо, тако што смо га везали лисицама и вратили у возило.

У кући се чула рафална паљба и четири појединачна пуцња. Мислио сам да неко пуца на нас, јер смо већ разбили улазна врата. Полако смо се приближавали вратима просторије из које су се чули пуцњи.

Имали смо довољно људи и наоружања за ту акцију. План је био добар, а то подразумева и реализацију, без неких потешкоћа.

Оно што ме зачудило је и то што у просторији куће, где су се по поузданим информацијама до јуче налазили киднаповани — није било никога. Сви су одведени некуд. Видели су се свежи трагови њиховог боравка ту. Сећам се једне поруке на зиду. Записано је само време. То је значило да су ту били пре четири сата и двадесет минута. Да ли је неко од „наших" дојавио Шиптарима, или само случајност, не знам. Одведени су сви за Албанију. Нека им је Бог у помоћ, помислих.

У приземљу је остала апотека са лековима произведеним у Србији, са најсвежијим датумима производње.

Ломим врата собе из које су се чули пуцњи и са још једним момком упадамо. Неколико мртвих војника УЋК је лежало на поду. Један је убијен на столици. Још је седео. Крв је капала са столице на под. Значи да су они пуцњи били у ове који су лежали и у њега. Ништа ми није било јасно. По већ устаљеном обичају наређујем једином живом мушкарцу, који је био у униформи УЋК, да легне и стави руке на главу. Деловало је као да ме није ни чуо, ни разумео.

Мртва жена у црнини, лежи на сред собе, а шиптарски официр УЋК јој љуби мртву руку и плаче. Чинило ми се да све то сањам – можда сам и ја полудео, као онај момак, уплаших се у тренутку.

Официр није показивао страх, нити је реаговао на моју команду да легне и руке стави на главу. Аутоматска пушка му је била толико близу, да је могао сваког тренутка да је зграби и употреби. По очима сам му видео да га то не занима.

У том призору ћутали смо сви. У једном моменту војник тражи да му дозволим да шутне ту пушку. Разумем да на тај начин показује да нема намеру да се брани.

Климањем главе сам му то дозволио, док моји људи држе ипак уперене пушке ка њему.

А он. Само је плакао и љубио руку жене, која је лежала мртва, иако око ње није било крви.

И даље ми ништа није било јасно, али се нисам опуштао.

„Ти говориш српски", обратио сам му се, „па ти предлажем да ме послушаш, да не би погинуо."

Ледено мирно ме је гледао, док сам му то говорио. Није га уплашило ни „обећање" да ће бити убијен ако не послуша.

Сада се он мени обраћа, на чистом српском језику и каже:

„Све ћу да урадим, само да ми омогућиш да ти испричам све шта ми се десило."

Предлажем му да ми то исприча у призренској полицији.

Одбија. Па додаје да то што жели, може да ми исприча само сада ту, на лицу места.

„Убио сам све ове муџахедине, који су били моје обезбеђење, да не би пуцали на вас Србе", каже шиптарски војник УЋК.

Све то ми делује као лудило, али све то видим својим очима и чујем својим ушима.

Интересовало ме ко је мртва жена која је лежала на сред собе. Плашило ме је, ако њега убијем, нећу сазнати ко је она.

Пристајем да ми све исприча ту на лицу места, у том простору смрти и невероватности.

Он тражи да из собе изађу сви, осим мене.

Дао сам момцима знак да напусте просторију. Зачуђени, ипак су ме послушали.

Остали смо сами, шиптарски војник и ја.

Сео сам у ћошак собе, иза врата, само ту није било крви. Спустио сам пушку на крило и рекао му да почне.

Крст

Ти камен рушиш
црква је ту
Зашто то радиш
помажеш злу
Камен је пао
а она стоји
Ниси ни знао
претци су твоји
Носили камен
са оног брда
Свима за помен
воља је тврда
Не руши камен
биће ти жао
Открићеш пламен
ниси ни знао
Тај камен носи
светињу Христа
Да ли знаш ко си
савести нечиста
Ти камен рушиш
а крст је пао

И твој је био
а ниси знао
Иди на таван
на кућу своју
Није он раван
све је на броју
И крст је ту
он још чува
и кућу твоју
то ниси знао
Прашина скрива
и није крива
Она је пала
исто ко ти
Јер није знала
шта знају
сви
Не руши камен
открићеш пламен
Крст је на небу
моли се Богу
и само хлебу
Јер крст те
чува
Не руши камен
открићеш
пламен.

Последња исповест

„Рођен сам 1975. године у селу Годанце, између Липљана и Штимља", почео је своју причу официр УЋК. „Отац ми је био полицајац српске полиције. Дружио се само са Србима. Мајка ми је била лепа жена. Он је био много љубоморан и сваког дана је тукао. Мој млађи брат Агрон и ја смо све то гледали.

Никада нам није било јасно зашто је тукао мајку. Она је била добра, мирна и вредна.

Кад год је отац излазио из куће, она му је доносила изгланцане ципеле. Спремала је само оно што он воли да једе. Држала га је чисто.

Увек је био испеглан као генерал, а не полицајац", причао је напуклим гласом, али разговетно и прилично брзо шиптарски борац УЋК.

„Сећам се, отац је причао, како је мајку упознао у некој кафани у селу Бресалце код Гњилана, док је са својим колегама ишао у провод. Трошио је прекомерно и алкохол, што је реткост за Шиптаре. Зато су они обилазили чајџинице, а тамо се није служило алкохолно пиће.

Као полицајац српске полиције био је добар и одан, али само за Србију и Србе, не и свом народу.

Породица је била против да он ожени моју мајку", причао је у сузама, све више јецајући, војник УЋК.

Корпулентан, млад, али и без икакве жеље да му се помогне. То би био кратак опис шиптарског војника, кога смо заробили у тој илегалној болници у селу Блаце.

Питам га: „Како ти се зове отац?"

„Звао се Енвер", одговорио је кратко и наставио:

„Енвер је почео да ради у полицији Србије 1970. године. Моју мајку је упознао у кафани где је радила као конобарица. Његови су се бунили, причала ми је баба, јер је била срамота за њихову кућу да ожени конобарицу.

Отац је много волео и оженио је, без обзира на све. Није могао да живи без ње. Њена лепота га је учинила толико љубоморним, да је неколико пута једва преживела батине. Тукао је без икаквог разлога.

Трпела је и ћутала. Имала је два сина. Морала је због њих. Често је малтретирао и Енверов отац, који је никада није звао именом. Она је за њега била и остала кафанска курва.

Мајка је све то трпела, надајући се да ће томе доћи крај.

Енвер је напредовао у служби и постао је инспектор за борбу против кријумчарења наркотика и оружја. То није утицало на њега да престане да бије жену. Деца су све то гледала. Једном приликом, измучена жена је отишла код Енверовог старешине Садрије, њему се пожалила. Кад је Енвер то сазнао, тукао је толико да је завршила у болници Приштинског клиничког центра.

Остала је тамо дуже од два месеца. Поломио јој је три ребра и избио неколико зуба.

Ипак се вратила кући. Отац је наставио по старом. Са колегама је ишао по српским кафанама свакодневно. Он, кад год се врати кући, па и касно ноћу, будио је мајку, само да би је тукао."

Причао је као навијен, шиптарски војник.

„Пролазило је време, а отац је и даље тукао мајку", присећа се он поново детињства. „Нигде није излазила из нашег обора, а он је оптуживао за неверства."

Сећа се шиптарски војник и 1980. године, смрти друга Тита, али и дана када је последњи пут видео мајку:

„Отац је тога дана дошао у пуној ратној опреми, мајка је нешто радила око стоке. Певушила је неку стару народну песму.

Отац је позвао и питао: ,Зашто певаш када је Тито умро? Мени за инат?' присећао се шиптарски војник УЋК.

„Тукао је док није пала у несвест. Он је само мало одморио, онако обучен, и отишао на посао.

Легли смо, као и обично, брат Агрон и ја да спавамо. Мислио сам да сањам како ме мајка љуби и плаче. Ујутро кад сам устао, на столу је био доручак за мене и брата, али мајке није било.

Никада је више нисмо видели.

Много смо је волели мој брат и ја.

Свако следеће јутро је било тужније од претходног. Доручак нам је најчешће спремала бака, очева мајка. Ћутали смо, јели и када нам се није свидело. Отац је најчешће био одсутан, а мајке није било да јој се пожалимо.

Брат је скоро престао да једе. Кад год бисмо сели за сто гледао је у столицу која се налазила поред шпорета на дрва. Ту је раније седела наша мајка. Сада је столица била празна. Дешавало се да бризнемо у плач без икаквог разлога, по мишљењу оних присутних. Само нас двојица смо знали зашто плачемо.

Агрон је нагло почео да слаби. Деловало ми је као да протестује што нема маме са нама. Ко зна колико је и она плакала. Знали смо да нас много воли.

,Зашто и нас није повела', често је говорио брат Агрон, грцајући од плакања и туге, коју је осећао. Све то сам мислио и ја, али нисам смео да кажем. Агрон је био храбрији.

Брат је после краћег времена умро. Доктори нису знали да нам кажу од чега. Остали смо у кући само отац и ја. Тата оде на посао, а ја сам. То је било моје детињство после одласка мајке и губитка брата.

Кренуо сам у школу. Деца су избегавала да се друже са мном, јер ми је отац радио у српској полицији. Неколико пута су ме тукли због тога. Бака ме је молила да не причам оцу ништа, јер се плашила његове реакције.

Наговарала ме је да кажем да сам се тукао са браћом од стрица. То је подразумевало да ме и отац истуче, јер се браћа не бију међусобно, па је то био начин да ме на то подсети батинама „нормално".

Енвер је постајао сваког дана све гори. Почео је да туче и мене. Без икаквог разлога. Кад год би ме тукао псовао ми је и мајку која ме родила. Батине ми нису толико тешко падале, колико та псовка.

Пронашао је мајку, јер је она отишла код својих. Ишао је и тамо. Све их је малтретирао. Трајало је то неколико година.

Она је побегла и од своје родбине, која није могла да је заштити од бившег мужа Енвера. Побегла је негде на север државе.

Како је она тамо живела нико од нас није знао, као ни где се тачно налази.

Доцније сам сазнао да је чула преко рођака да је њен син Агрон умро. Тешко је то поднела, али никоме није причала. Није хтела да оптерећује нову породицу. Њен нови супруг и она су били различите нације. Он је био тих и умерен, па је њој то било довољно да буде према њему добра.

Често је питала рођаке за другог сина. Нису хтели ништа да јој кажу.

Агим је почео најпре да тренира борилачке вештине. Често се тукао са вршњацима, јер су га називали издајником. Отац му је радио за полицију Србије, коју су тада и јавно називали непријатељима албанског (шиптарског) народа.

Агим не може више да трпи оца и његово малтретирање и све ређе долази кући. Отац Енвер остаје сам са „својим" Србима, а његов син првенац са својим друштвом, које није по вољи оцу.

Осећао је страшно понижење од другова из окружења, јер му је отац био на другој – „непријатељској страни".

Тата

Деца вриште, мајка запомаже,
навалили зликовци да им отму дете,
нуди она кућу и све што затраже,
не дирајте ћерку, мезимче је тате.

Али крвник неће, ништа осим душе,
отац ћути и само их гледа,
најстарију хоће, радост да му сруше
и од њега траже ћерку да им преда.

Најмлађем детету нож под грлом држе,
зликовачки сикћу и девојку хоће,
наређују звери да пристигне брже,
они воћњак неће, већ незрело воће.

Проговори отац од велике муке:
ствари да јој спремим, па онда нек' иде.
Склизну бомба из очеве руке,
наста тајац, само ране бриде.

Заједно су пали с' крвницима својим,
по патосу крв, исте боје била,
прави отац, чист пред Богом стоји
у смрт иде срећан, покрај њега вила.

За руку га држи, захваљује тати
на очинској љубави што јој тада пружи,
последње што рече, опрости ми мати,
храбрији је тата, он је био бржи.

Освета

Да би од свега побегао, полако улази у криминал. Најпре само прати оне јаче, старије и окореле криминалце, као мајстор борилачких вештина, и веома корпулентне фигуре. Ту га стављају на разне „провере" лојалности, али нигде није омануо. Напротив, стекао је симпатије, па му се указује „поверење", тако да и сам почиње да организује нека криминална дела, у којима је учествовао.

Дрога, организовање проституције, рекет и друге врсте изнуда су били за њега веома лака „лекција".

Хтео је више пара, за краће време. Размишљао је како да то уради и оствари, а да се не замери новим идолима. У том лутању и размишљању шта би за њега био прави посао, дошао је до мало чудне идеје.

Сетио се очевог рођака, Рестелице који је радио у пошти у Подујеву. Он је опљачкао пошту у којој је и сам радио. Обогатио се. Касније је откривен, али паре није вратио. Издржао је неку затворску казну, не тако велику. То му се чинило најбезболнијим. Одлучио се на сличан корак.

Почиње да обилази поште по Космету, распитује се колико би могао да затекне „кеша" у некој мало забаченијој. Све је узимао у обзир. Жељена сума је била главна смерница у одабиру „мете" за пљачку. Све остале чиниоце је са лакоћом и без много размишљања одбијао, једноставно није хтео да прихвати реалност, да би могло нешто да се искомпликује.

Отац га проваљује да је почео да се дружи са криминалцима, али због веома лоших односа, то му није помињао. Надао се да ће то проћи, те да је то само део младалачког доказивања и ништа више од тога. Стари полицајац Енвер није могао да поверује и да се помири са чињеницом да је његов син, сада јединац, постао криминалац.

Док се Енвер надао да ће његов син да се врати нормалном животу, дешава се супротно. Агим све више и више тоне, постаје зависник од криминала. Једноставно, његов животни избор је – криминал.

Млади Шиптар, свежи криминалац, доноси одлуку да опљачка пошту у малом градићу, на југу Космета, у Качанику, који се налази поред магистрале која повезује Србију и Македонију. Размишљао је и о томе да, ако нешто лоше крене, може брзо да напусти територију Србије.

Направио је план, није хтео помагаче. Мање су шансе да га неко провали, ако иде сам, а и паре неће делити ни са ким. Тако је размишљао.

Као и сваки полицајац, и Енвер је имао код куће више комплета униформи. Његов „јединац" је једне вечери сачекао да му отац оде на дежурство и почиње са реализацијом плана.

Обукао је очеву униформу, сачекао да сване, а датум је изабрао баш када се пензије исплаћују. Надао се великом плену.

Пре него што су поштари изашли са торбама пуним пара, он је ушао и то на службени улаз. Знао је у којој су просторији поштари са парама. Без имало размишљања вади пиштољ и тражи паре. Сви су се зачудили, полицајац у униформи, говори шиптарски језик, а пљачка.

Нису ни размишљали да га не послушају. Сви су своје торбе испразнили у врећу коју им је он дао. Наредио је да легну и баш када је помислио да је све лепо прошло, испред поште се појавило полицијско возило са правим полицајцима. Један је изашао из возила, пре него што се оно и зауставило. Нашао се очи у очи са лажним полицајцем. Обојица су држали пиштоље уперене у груди оном другом. Полицајац који је био за воланом препознаје сина колеге и виче из свег гласа:

„Не пуцај, то је Енверов син, стани." Када је чуо да га је полицајац препознао, Агим испаљује метак у очевог колегу и убија га на лицу места. Покушава да побегне. Креће ка магистралном путу, са намером да се некако пребаци до Македоније.

Убија и цивиле који су се ту нашли сасвим случајно. У његовим очима и они су били полицајци у цивилу.

Стигао је до магистралног пута Приштина – Скопље. Покушава да заустави неко возило стопирањем. Нико није хтео да му стане. Као да су знали, људи су пролазили не смањујући брзину. Зачуо је сирене полицијских возила, која су се великом брзином кретала из правца Приштине ка Качанику.

Наилази запрежно возило, које зауставља. Тражи од човека који тера неко воће на пијацу у ближње село да га повезе, јер му је, наводно, рођак болестан и мора хитно да иде. Кочијаш се мало зачудио што не чека аутобус, али се није противио. Запрежним возилом су прошли Качаничку клисуру.

Када је проценио да му је најбезбедније, сишао је са коњских кола и захвалио се кочијашу. Хтео је да му плати, али се плашио да ће сељак, кад чује да је пошта у Качанику опљачкана, све пријавити полицији. Избегао је да му кочијаш види лице. Јасно му је било да га је сељак примио јер је морао, уплашио се.

Први приградски аутобус који је наишао, примио га је, као и све остале путнике и пребацио до Скопља. Ту је већ имао велику подршку „својих" и осећао се безбедним.

Успева да се пребаци до Тетова. То је градић у Македонији – насељен претежно Шиптарима. Тамо налази јатаке, све им прича и тражи савет од њих. Они му предлажу да се прво одмори, истушира, вечера и одспава до ујутро.

Све радио и телевизијске станице јављају да је пљачкаш поште убио једног полицајца и два цивила.

Полиција Србије идентификује троструког убицу и разбојника, расписује међународну потерницу за њим.

Енвер још увек ништа не слути. Колеге са посла га не контактирају, надајући се да ће извршилац тог кривичног дела свратити до куће, да се поздрави са оцем и да га тако ухвате. Сви прилазни путеви Енверовом селу и његовој кући су били блокирани. Заседе су биле на све стране.

Енвер креће на посао, не слутећи ништа. Зауставља се код првог полицијског комби возила и пита колеге шта је било.

„Неко убиство", одговорили су му кратко. Није се узнемирио много, јер је то деведесетих година двадесетог века на Косову и Метохији просто била свакодневица.

Стигао је у станицу полиције у којој је радио. Када је на табли за лица са потернице видео свога сина – није могао очима да верује.

Зауставља се и чита:

Агим Енвера Блаце, са тачним датумом рођења.

Види и најновију слику Агимову, коју је служба имала.

Неумољива истина га је ошинула, згромила: био је то његов син.

Само је прошао до своје канцеларије.

Никога ништа није питао. Никоме ништа није рекао.

Једноставно је ушао у своју канцеларију, сео за радни сто и себи испалио метак у срце.

Никакву писану поруку није оставио.

Само она зна тајну – „Жута кућа"

Сам

То није врисак, судбина то је,
они су пошли на бесу само,
мртве се главе више не броје,
ал' све су Српске, треба да знамо.

Шиптар нам рек'о да нас не воли,
издајник неки забрану стави,
Српска нас рана због тога боли,
под туђим небом на Српској слави.

Гледа у кече, сања о кући,
Шиптарски зликовци кољу војника,
из грла Српског млаз врући,
у руци згрченој дечија слика.

Ко с њима збори – с људима неће,
на то нас учи врисак војника,
не прави Србине грешке још веће,
и децу кољу, иста су клика.

И сад се прави иста грешка,
опет се Српска крв лије,
ал' сада негде ту око Лешка,
стигла је војска, зликовца Змије.

Газе и мртве, ал' само наше,
разлога нема, напада први,
решио Тачи Србе да збрише,
и семе Српско хоће да смрви.

Рек'о нам војник, ту нема грешке,
он хтеде нас, вриском да чува,
до свога гроба ишли су пешке,
до Жуте куће, ту се изува.

Опет врисак, из неког села,
познат ми глас, Србин је, знам,
па то је врисак из Бурела,
Србина кољу, а он је сам.

Буђење

Док је Агим спавао, његови јатаци су већ чули да му се отац убио. Када се пробудио, по шиптарским обичајима, попили су по неки чај из малих филџана и доручковали.

После доручка су му рекли:

„Отац ти се убио, Агиме."

Немо их је гледао дуго, пола сата. Само је промрмљао себи у браду:

„Сам је крив за све."

Да би показао колико је чврст, рекао је:

„Није се убио мој отац, већ српски полицајац и то није за жаљење, већ за весеље."

Сви су се запрепастили, али највише стари Шиптар који је седео крај њих, на сунђеру, прекрштених ногу, на патосу, како налажу обичаји и пушио цигарету коју је сам направио.

Њему је испала из руку та цигарета, када је чуо шта је Агим рекао за свог оца.

Агим и његови јатаци су се сложили да би му најбоље било да оде за Албанију. Тамо већ постоје кампови за обуку војника УЋК, па да им се прикључи. То је, по њиховом, било једино решење у том тренутку.

У Тетову је остао неколико недеља, док се све није организовало. Агим је тих дана по ко зна који пут покушавао да ступи у контакт са мајком, коју није видео дуже од 17 година. Молио је рођаке, пријатеље, комшије да му помогну, али безуспешно.

Неки су га молили да их не зове, јер га полиција тражи, па су се плашили да и сами не постану мета полиције. Други су му једноставно прекидали телефонску везу.

Имао је жељу да чује мајку још једном, па и да умре не би му било жао, причао ми је официр УЋК, док смо седели и гледали се право у очи, понекад у руке. То је последица обуке коју смо прошли и он и ја. Непријатељеве руке мораш држати на оку и нишану, а остало само на оку, ако хоћеш да преживиш.

Описивао је Агим те дане у Тетову, док је коначно дошао човек, "веза", који је требало да га преведе преко брда за Албанију. Све је већ било договорено и испланирано. План је морао да се поштује, јер је то тражио Сејдија, први оснивач УЋК. То је човек који је одслужио петнаестогодишњу затворску казну у Србији, због непријатељског удруживања и покушаја рушења уставног поретка Југославије.

Значи стари "вук". Он се морао слушати, а план који је он потписао имао је већу снагу и од живота.

Кренули су чим је зашло сунце. Обучени у сељачку одећу, са коњем кога нису јахали. На њему је било наоружање. То је био паметан коњ. И да га оставиш у сред шуме он је сам знао куда треба да пређе границу.

Стигли су пре свитања новог дана. Агим и његов водич само до капије кампа. У камп улази само Агим, а водич коме ни име није успео да сазна, враћа се за Тетово.

Камп, у који је био распоређен Агим, био је један од најтежих за обуку. Обуку су изводили официри Сигуримија, а контролу и избор кандидата за посебне задатке, официри америчке ЦИА-е.

Најпре полажу заклетву оданости идеји Велике Албаније, за коју су спремни да жртвују своје животе и животе својих најближих.

Као мајстор борилачких вештина, физички изузетно спреман, са огромном жељом да се докаже као „велики" Шиптар и да са свога презимена спере „љагу" коју му је отац нанео, радећи за полицију Србије – савладавао је са лакоћом све постављене задатке и искушења.

Оцене стручњака из албанског Сигуримија и америчке ЦИА-е су биле „чисте десетке".

Агим је у кампу нашао своје место под Сунцем. Осећао се да је међу својима и тако се понашао. Окрилатио је. Радио је све што се тражило од њега. Хтео је да баш ту докаже себе као шиптарског патриоту. Ту је упознао и неке специјалце инструкторе – муџахедине.

Они су им показивали како се коље, дави и дере жив човек. И то није била показна вежба. Не на сламнатим луткама. Клали су, давили, драли живе заробљенике. То су радили Србима и непослушним и нелојалним Албанцима, па и својим Шиптарима са Космета. На тај начин су вршили селекцију оних који су то могли психички да поднесу. Њих су припремали за најокрутније задатке, којих је било све више на путу прогона и уништења косметских Срба и припадника српске полиције и војске са југа Србије.

Муџахедини су у томе били неумољиви. Понашали су се као звери. Требало је испунити њихове захтеве, који су били попут оних најстравичнијих нацистичких злочиначких изживљавања над немоћним жртвама. Од три стотине војника у том кампу, одабрано је свега дванаест оних, који су били спремни за додатну обуку, за официре УЂК.

Међу њима је био и Агим.

Отишли су војним хеликоптером до касарне, која се налазила у близини Тиране. Тамо су их чекали активни официри Албанске армије. Тамо их је опет дочекао Сејдија. Он им је одржао само једно предавање о борби која их чека и објаснио им да они више никада, до краја живота, неће моћи да раде било шта, док им за то не да дозволу врховна команда УЂК, без обзира да ли је ратно или мирнодопско стање.

Тако тражи „отаџбина" од њих, и то се мора поштовати.

Небо

У небо гледа, мисли о деци,
срце му ваде и плућа види,
тамо су њему остали преци
за децом само душа му бриди.

Шиптар се кези, даје за паре
људске органе – не може душу,
ми нисмо добро слушали старе,
зато нам Шиптарска чизма на гушу.

Змија је змија, истина чиста,
крви је Српске жељан Тачи,
исто је било у време балиста,
цела Србија чудно се смрачи.

Бранит' се морамо, друге нам нема,
Змија је стигла до голе коже,
тешка се борба за Космет спрема,
зулум се шиптарски трпет' не може.

Слушајмо браћо шта војник рече,
тамо је ост'о, веров'о Беси,
шајкачу напада бело кече,
бранити земљу – то нису греси.

Глас војника у оном је селу,
где бубрег дају за златан сат,
можда и данас у Бурелу,
уз поглед у небо умире Брат.

Зато слушајмо вапаје ове,
у одбрану браће да се крене,
Српско нас дете с Космета зове,
чује се врисак отете жене.

Слушајмо браћо глас војника,
из Жуте куће где га кољу,
у руци његовој остала слика,
бранимо Србију, немамо бољу.

Нова обука

На почетку нове обуке, одабрани будући официри УЋК понављају заклетву коју су дали у првом кампу, али додају и да ће поштовати ово ново правило. Тада је схватио да повратка у нормалан живот неће бити.

Ни ова обука није трајала дуго. Она се сводила на теорију. Био је то кратак курс за будуће официре УЋК, који је подразумевао и упознавање са правилима обавештајно-безбедносних послова и оспособљавање за акције. Међу тим акцијама посебно је било важно да што спретније врбују Србе да раде за шиптарске интересе. Уз врбовање, следило је уцењивање имућних и утицајних Срба.

Од њих дванаест сваки ће добити посебно задужење и мораће да покажу очекиване резултате. За лош рад се није кажњавало уобичајеним санкцијама, када су војне формације у питању. Тако су се припремали официри тзв. ослободилачке војске Косова (УЋК, како су је Шиптари звали), која то још није била у правом смислу те речи. Правила су зато била ригорозна.

По завршеној обуци за официре УЋК, нико од њих нема право да се врати у јединицу из које је дошао. То је немогуће. Јер: сваки од њих ће знати нешто што би могло да искомпромитује целу њихову борбу уколико би доспело у јавност!

Зато су рачун полагали само и лично Сејдији. Он није имао милости ни према себи самом, а камо ли према њима.

За прекршиоце овог правила казна се знала: правац – Жута кућа у селу Бурел на северу Албаније, пред којом су се смењивали шлепери у којима су биле најопремљеније мобилне хируршке сале. У њима су се вадили органи Србима и преносили даље. Тамо би и они вредели онолико колико би неко хтео да плати њихове органе. Све је то знао Агим, као и сви пре, али и после њега. Био је то пут без повратка.

Стих Српског војника

Крвави стихови давно написани
сећају на Српске јунаке знане
за војску нашу најтежи дани
да чизме отме, секиром мане.

Тако су наше ратнике старе
болесне, гладне, једва живе,
Шиптари клали само за паре,
на правди Бога, а не криве.

Давно је било сећање само,
остаде стих и ништа друго,
истину морамо и ми да знамо,
Српска Голгото и наша туго.

Многе су главе остале тамо,
он стихом својим сада нас учи,
ал' само Српске треба да знамо,
памћење слабо и сад нас мучи.

И данас неки на бесу иду,
зликовцу оном што срце вади,
верују њему, не очном виду,
Господе Боже, ко нам то ради?

Косметска земља Србе хранила,
живот им дала ко људском бићу,
беса их оте из њеног крила,
косметске зоре сад им не свићу.

Право на живот, судбину целу,
оте им Шиптар, за паре само,
исчупа срце у Бурелу,
албанском селу – треба да знамо.

Та земља ћути, прави се луда,
ничега, каже, ту било није,
а крв Српска просута свуда,
злочине брани, зликовце крије.

Ратни распоред

Тек по завршеној обуци речено им је шта ће радити. А по завршеној процедури додељивања чинова, одређивања ратног распореда, они имају још по један разговор са Сејдијом. Овог пута сваки од њих иде сам. Нема других очију. Само нови официр УЋК и Сејдија. Очи у очи са старим терористом.

Тај састанак је протицао без и једне изговорене речи.

Официр улази у кабинет код Сејдије, који већ седи за радним столом чудног облика. То је уствари карта велике Албаније.

Сејдија даје знак да млади официр седне. Гледају се и ћуте.

Сејдија у једном моменту из фијоке вади парче папира, отвара га и предаје своме госту. На њему пише псеудоним или тајно име, које од тог тренутка замењује све податке официра, подразумевајући и пуно име и презиме, датум и место рођења, као и чин. Своје ново име мора да запамти, старо да заборави.

Шта ће радити и где ће бити распоређен још не зна.

Посебан пасус упозорава новог официра УЋК: „Уколико неко сазна за твоје право име, обавеза ти је да извршиш самоубиство!"

Тако је гласило упозорење, испод којег је стајала парола, циљ због којег су регрутовани:

„Rnoft Šćipni mal!"
„Живела велика Албанија!"

То је као печат и потпис.

Сејдија потом спаљује то парче папира. Без речи даје знак покретом главе да је састанак завршен.

Млади официр излази.

Испред врата нема ни једног од оних једанаест преосталих официра. Чекају двојица непознатих људи, у цивилу, који га ословљавају новим именом. Начином на који му се обраћају стављају му до знања да је он постао шеф и да морају да крену према Космету.

Агим је добио ново име Даја, што у преводу значи ујак или старији рођак.

Човек из обезбеђења му пред полазак даје мало парче папира, на коме је писало шта му је задатак. Све објашњено до детаља. Стојећи чита своју будућност.

На крају је писало и да тај папир мора да врати ономе ко му га је дао. Тако је и урадио.

Човек из обезбеђења узима то мало парче папира, вади из џепа упаљач и спаљује га.

Ствар је јасна: све је за једнократну употребу. Да ли ће тако бити и са њим, Агим тада није могао да зна.

„Агим престаје да постоји." Мали несрећни син Енвера, доброг српског полицајца, избрисан је из списка живих, вољом Сејдије.

Успостављен је нови командант неке нове Војске, новог имена – Даја!

Специјалним возилом, без икаквих таблица, кренуо је са својим пратиоцима назад за Тетово, па онда преко Шарпланине и превоја Глобочице, даље ка Космету.

Постављен је за главног официра, који командује одређеном броју војника. Добио је неограничена овлашћења у избору начина, на који ће се обезбеђивати финансијска и сва друга средства потребна за УЋК, која је већ увелико водила борбе против српске полиције и војске на Космету.

Командант Даја формира илегалну болницу у селу Блаце.

То је недалеко од варошице Сува Река на Космету.

Најближи познатији град је Призрен.

Болница УЋК од 1998. године, на територији Србије, ради под његовом командом.

Завео је гвоздену дисциплину.

Забранио је свима, који су му били подређени, да му постављају било каква питања. Нису смели да га питају ни да ли је гладан. И то је сматрао тајном.

Командант Даја је озбиљно схватио упозорење које му је дао Сејдија.

Поред основне намене коју има свака болница, легална или илегална, ова, којом он командује има и једну необичну.

То је уједно био и логор – прихватни центар за све отете и киднаповане Србе из ближе и шире околине.

А много Срба је киднаповано те 1998. године баш у тој области.

У једном делу те болнице налазио се затвор. Улазна врата су била направљена од дебелих металних цеви. Поред врата лево налазило се метално буре, у коме је била вода коју су заробљеници користили за пиће. Са десне стране је било друго буре које су користили као нужник.

Од те болнице па до границе Албаније могло се пешице за ноћ стићи. Била је погодна као успутна станица за киднапована и отета лица на Косову и Метохији.

У њој је у неколико наврата било и по више од сто заробљених и киднапованих Срба. Ретко који је ту убијен. Сви су транспортовани за Албанију.

Ако би некога ту и убили, бацили би га у јаму Волујак.

Киднаповане и заробљене Србе Шиптари су ту држали док се из западне Европе, Америке, или неке друге земље не појави интересент за куповину органа. Тада би их пребацивали до Албаније, где су их смештали у сличним или лошијим објектима. А да им је крај живота близу знао је сваки од заробљених, онда када би добили бољи смештај или да их хране квалитетном храном. Све је то осмишљено и рађено у Албанији, да би здравствено стање заробљеника било што боље, јер су бандити могли да продају органе једино здравих људи. Тада су постизали највећу цену.

Даја се уживео у улогу команданта живота и смрти.

Болница у селу Блаце, на територији Србије, користила се само за рутинске прегледе киднапованих и отетих Срба и осталих, као и за одређивање њихове крвне групе.

Не ретко се дешавало да се рањеним Шиптарима давала крв директно из вене заточеног Србина. Свим заробљеним Србима је обећавано да ће, ако на тај начин буде спашен живот неког рањеног Шиптара, добити слободу као награду. Лагали су их, наравно.

Трговци људским органима из читавог света знали су да у Албанији могу да нађу све шта им треба. Постојале су и агенције које су се бавиле посредовањем.

Даја је одлично организовао тај део посла. Али, настају проблеми: рањених Шиптара било је све више, киднапованих Срба такође — више него што је било потражње за органима.

Командант одлучује да у болници организује и специјализовани део за трансфузију крви. Досетио се да би и то могло да донесе добру зараду. Ту идеју је, по правилима њихове Службе, предочио најпре Сејдију у Тирани. Поред Сејдијине сагласности добио је подршку и похвале од официра Сигуримија, представника ЦИА и свих оних који су у том моменту радили на пружању помоћи шиптарским побуњеницима — терористима.

Доводи и стручњаке који дају упутства како идеја треба да се спроведе у дело и подсећају га да је нулта крвна група најтраженија, а самим тим и најскупља.

Опремио је болницу и за ту врсту трансфузије крви: узимања до задње капи, од киднапованих Срба. У опремању су му помогли богати Шиптари, који су имали своје уносне послове по Космету. Велика помоћ му је стигла и из северне српске покрајине, Војводине, од Шиптара који тамо држе пекаре.

И то се показало као врло уносан „посао", за увећање прихода команданту Даји, односно, УЋК. Све се то радило у тој „болници" која се налазила на територији државе Србије, још у време када је и тамо функционисала српска држава.

Све то није било довољно за команданта Дају, па је неуморно размишљао како да и од мртвог Србина има већу зараду.

Како продавати мртве Србе, којима су извађени органи или крв до задње капи?

Дошао је до најморбидније и најсуровије идеје:

Наредио је да ни један од киднапованих не сме бити прослеђен у Албанију (одакле му није било повратка), док га претходно не сликају и сниме видео камером, направе видео запис, који гарантује да је жив. Киднаповани Србин треба да изјави и да су према њему сви коректни, добронамерни и да својима предлаже да се „договоре" са Албанцима око њиховог ослобађања.

Командант Даја наређује да се то уради са заробљеницима тек када стигне „требовање" и кад их нахране, окупају и дозволе им да се наспавају. Тако ће пред камерама и фотоапаратима изгледати нормално, без трагова мучења. То је, у ствари, био начин да се њихова најужа родбина намами да донесу новац или друго благо, за откуп својих синова, браће, мужева, неретко кћери и сестара. Онда, када они већ буду на путу ка Жутој кући или већ раскомадани, покопани ко зна где и како – „преговори о њиховом ослобађању почињу".

Командант Даја је себе већ видео као др Менгелеа! Мада о том осећању никоме ништа није причао. Није смео, али га је то мучило.

Понекад му је долазила на ум или у сан мајка. Памтио је као младу жену, а она сада има преко педесет година.

Борбе између терориста УЋК и српских снага безбедности бивале су свакога дана све чешће и јаче, па је и рањених све више. Помоћ коју УЋК добија од команданта Даје је огромна.

„Српска крв у шиптарским венама циркулише. Враћа их на фронт. Ако и погине, или буде поново рањен Шиптар, сада се српска крв лије на обе стране. Код Срба, али и код Шиптара. Шиптарске је врло мало на првој линији. Болницу у Блацу шиптарске банде чувају невиђеним снагама", прича без даха војник УЋК и плаче.

Измислили су специјални систем одбране: Око целог села су ископани ровови у којима су Шиптари двадесет четири сата на опрези. Испред тих ровова су ноћу истеривали стоку, свако грло је имало и звоно. Тако су и стоку ставили у службу стварања Велике Албаније.

Ако се само приближи српски војник, једно од грла га примети и узнемири се, акција пропада. Стока скаче, звона јављају Шиптарима да је опасност близу и они отварају ватру по свему што се креће. Све је могло да падне у руке Срба, осим те болнице, логора, продавнице живих људи и људске крви.

Командант Даја је створио мит о неуништивости његових извора прихода, али „и ресурса" – Срба, који се свакодневно киднапују.

Одредио је један број људи који су били задужени да скупљају податке од породица киднапованих и њиховим намерама да плате ослобађање својих најмилијих, за којима су трагали и којима су се надали. Одредио је и локацију на којој би се евентуално, сретали са онима који су спремали динаре, или девизе за откуп. Ту би његови људи, наводно добронамерни Шиптари, који су хтели да помогну, само видели о којој се суми ради и о томе га обавештавали. После тога су упоређивањем слика које су добили од чланова породице киднапованих, упоређивали њихове видео записе и фотографије са тим лицима, и тако спремали превару.

Отели би они Србима паре без много церемонија, али место где ће шиптарски џелати видети паре спремљене за откуп је било под контролом српских власти. Нису смели да ризикују.

И тај посао је почео да цвета за команданта Дају. Унесрећени Срби су продавали све што су имали од покретне и непокретне имовине, да би скупили тражену суму пара. Шиптарски бандити су тактизирали и по неколико пута приказивали породицама снимке њихових најмилијих, а који су наводно још живи, све док их не сломе и наговоре да са парама оду у село Блаце или неку другу локацију још ближу српско-албанској граници. Тада би Даја отимао паре, а оне који су дошли задржавао као нове заробљенике, носиоце скупих органа или магацине крви. У почетку су Срби пристајали и на то, али се за нестанак оних који су тражили своје најмилије брзо прочуло, па су Срби одлучили да промене тактику.

Паре су остављали код Шиптара који живе на територији под контролом српских снага, а на разговор су ишли најдаље до села Блаце.

Долазили су несрећни људи, верујући и надајући се, давали огромне паре, плакали и љубили и руке и чизме, управо оних који су им те рођаке мучили и убијали.

Тако је наредио командант Даја, који је био под контролом Сејдије, првог оснивача УЋК. Извођачи су били сви они зликовци, који су били под командом те двојице злотвора.

А Сејдија? Ко је он био? Некадашњи медицински радник Завода за заштиту здравља у Приштини. Лаборант. Омладински руководилац, водио бригаде радних акција под именом „Боро и Рамиз". Вођа извиђача. Његова највећа функција је „официр Сигуримија".

И док су командант Даја и Сејдија, задовољно сумирали резултате свог „рада", стиже хитан позив из Метохије. Јављају да је рањен командант Гури (камен) у тешким борбама са српском полицијом, негде у Метохији. Гури је био један од најопаснијих команданата терористичке УЋК у метохијском крају, где су били и браћа Ладровци, Јашари, Земај и други.

Ова вест је био знак за њих двојицу да одмах ступе у акцију. Траже контакт са својим људима на терену.

Истовремено, Решад звани Меда, јавља се на специјални телефон, који се користи само у екстремним ситуацијама. Тражи Сејдију. Они су се знали још из младих дана. Живели су у Приштини, заједно ишли на омладинске радне акције. Са њима су се дружили многи који су радили у службама безбедности.

Сејдија узима слушалицу. Разговор је био кратак. Веза се прекида. Сејдија се окреће према Даји. Потврђује информацију да је командант Гури рањен и да неће преживети, уколико у току ноћи не стигне довољно крви. Даја га гледа, не трепће.

То је његов део посла.

Пита Сејдију колико крви треба. У болници има довољно заробљеника, само је потребно да што пре стигне тамо.

Јављају болници у Блацу да се спреме људи за транспорт. То је подразумевало да се изведу из болнице-затвора, распореде у групе од по највише 10 логораша и да чекају даље инструкције.

Курир јавља да се јавио лично командант Змија који је тражио да се безусловно обезбеди довољна количина крви, најкасније до пред зору.

Пометња је настала када је неко рекао да је у питању ретка крвна група.

„Тражи се нулта крвна група!"

Било је то истовремено наређење и извршење задатка.

Сви у штабу УЋК у Албанији су били на тренутак забринути. Све решава опет командант Даја.

„Ако нико нема ту крвну групу од заробљених, имам ја", вриснуо је сав поносан командант живота и смрти. Спреман је био да своју крв да до задње капи, да би спасио ратног хероја Гурија. Али то не би било добро за УЋК. Остали би без незамењивог команданта Даје, а и шиптарски рањеници су навикли на српску крв.

„То није добитна комбинација", тихим гласом, констатује Сејдија.

„Спреми се и правац Блаце!", гласила је наредба коју Сејдија саопштава команданту Даји. „То је наредио командант Змија", додао је и заћутао.

Даја, са својом пратњом креће без поздрава.

Журили су и о својој безбедности нису много размишљали. Границу су прешли нешто после три сата ујутро.

Јављају својим људима, ако је све мирно, да заробљенике врате у болницу. Успут су свратили само на једно место од уобичајених три свраћања, ради прикупљања информација о кретању српске полиције. Те информације им је давала Шиптарка која је радила у продавници у Призрену, а била је у вези са високим официром српске полиције. Све што је могла од њега да сазна преносила је својим правим љубавницима, Шиптарима, команданту Даји и његовој пратњи.

Стигли су испред села, пред зору, док још српска полиција није изашла. Прво су сељаци уклонили говеда, која су целе ноћи била испред ровова и тек тада је дат знак да могу да уђу у село.

Даја улази у болницу и пита Аслана Клечку где су картони заробљених у којима пише и крвна група.

„То им дајемо да држе код себе, када је ванредна ситуација, као ноћас", одговорио је стари бандит из Ораховца.

„Идемо доле код киднапованих", наређује командант „болнице", Даја. Аслан отвара врата затвора и по већ устаљеним правилима, која су заробљеници морали поштовати, сви су били окренути у супротном правцу од улазних врата, са рукама подигнутим у вис.

Командант Даја пита, на чистом српском језику:

„Ко има нулту крвну групу?"

У затвору је сабијено нешто више од 70 заробљених Срба. Јављају се само двојица.

Један старији човек, има више од 65 година и један младић који нема више од 20 година. Њих двојица се нису одвајали. Нису били отац и син. Различита су им била презимена. Али ипак се нису одвајали, од дана када су киднаповани из аутобуса „Бирлик турс" из Призрена. Киднаповани су на превоју Дуље. То је изнад села Црнољево.

Командант Даја им наређује да изађу испред осталих. Послушали су, јер избора нема. За непослушност следује метак. Тога су се нагледали.

Стали су мирно испред њега. Он их је гледао онако крваве од батина, прљаве, престрашене и измучене. Стари Србин је знао шта им се спрема, а мали само дрхти.

Старији Србин предлаже да малога оставе ту, а да сву потребну количину крви узму од њега.

Командант Даја, изнервиран што се Србин усуђује да му се обрати и чак да предложи. Удара песницом старца. Десном руком, на којој је имао огроман, златан прстен.

Стари је пао и одмах устао.

Опет се обраћа команданту Даји:

„Могу ли да пољубим тај прстен којим си ме ударио, да му се захвалим, јер ме није много болело. Видиш да сам одмах устао".

Моли старац свог мучитеља.

Команданту Даји пада на памет да нема времена сада да га батина, па само надмено и журно испружи руку.

Али, наређује командант Даја староме да клекне и пољуби прстен и руку. Стари је клекао и пољубио само прстен. Руку није хтео.

Даја више не обраћа пажњу на тог непослушног Србина, који неће да му пољуби руку, већ о команданту Гурију коме треба крв.

Наређује да обојицу одведу на туширање и тражи да се лепо обуку, пре него што стигну људи који ће им узети крв. Сејдија је већ све организовао. Само што нису стигли.

Када су их вратили са купања, екипа из Метохије са опремом за вађење крви је већ стигла.

Командант Даја наређује да се скину до појаса и приђу столу за којим су седели „др Менгеле" са својом дружином. Један од пристиглих из Метохије им наређује да се окрену око своје осе, ту испред њих.

Даја се мало зачудио, али их није ништа питао.

Код младог Србина је приметио младеж на врату. Мало се узнемирио, али је то вешто прикрио.

Донели су им чисту одећу. Командант Даја наређује да се лепо обуку и дотерају. Теши их и обећава да ће све бити у реду. Млади Србин се радује. На његовом лицу се појављује и осмех. То је стање на које су заборавили од тренутка киднаповања.

Старији Србин се облачи, али се не радује. Слути да им је то последње облачење.

Када се млади обукао, окренуо се према њему и онако весело, младалачки га пита:

„Како ти сада изгледам, шта кажеш?"

Стари га је само загрлио, пољубио у главу, неколико пута и рекао му:

„Леп си ти, од самог рођења, личиш на мајку, а и младеж ти је на истом месту где га има и твоја мајка", одговорио је старији Србини док су му се сузе састављале на необријаној бради.

„Зашто плачеш?" шапатом га пита младић.

„Од среће", одговорио је стари, најтужније у свом животу.

Шиптари наређују Србима да седну један поред другога, да би снимили њихове изјаве, које ће послати њиховим породицама, већ како је то уходано, наводно ради преговора о ослобађању са њиховом родбином.

Млађи Србин се радовао, показујући добру вољу и послушност. Није познавао добро Шиптаре, а стари

Србин је само малога помазио и пољубио у главу и образ још једном, када су сели један поред другога.

Фотограф их је сликао. Камерман снимао, а командант Даја, са маском преко лица, им постављао питања.

На свако питање су одговарали тако, да би свако живи поверовао да их неће убити. Док их камера снима, један од војника УЋК им приноси воду. Други их пита да ли су гладни.

Цела та церемонија није трајала дуже од 10 минута.

Обичај је био да пред полазак на пут без повратка добију још по неки ударац од команданта Даје, али овога пута се то није десило.

Пре само неколико дана их је тукао до смрти, једва су преживали, а сада не може. Зашто – ни њему није било јасно.

Једино о чему је размишљао је онај младеж на врату млађег Србина. На истом месту је и он имао младеж.

Само је кратко наредио: „Водите их на трећи спрат. Тамо је лабораторија и све је спремно."

Још два Србина на пут са кога се неће вратити, иду тихо, да не би узнемирили остале затворенике.

Неко од киднапованих, из притвора виче „поздравите све наше", мислећи да их ослобађају, други плачу и траже опроштај, а неки једноставно моле Бога за душу.

Старији Србин је младога само мазио. Ни једном га није помазио, а да и онај младеж није додирнуо.

Нико није знао зашто.

Шиптарски зликовци 1941. године кољу Србина исто као што су их клали 1998. и 1999. године

Мимоход

Сањам ноћу непознате људе,
мимоходом иду, у земљу гледају,
можда хоће Српство да пробуде,
да их се сећамо, полако нестају.

Ред је краћи од прошлога био,
где ли су им душе, кости ћемо наћи,
зликовац шиптарски крв им је попио,
ал' и мртви поздраве они шаљу браћи.

Да им свеће палимо, они су далеко,
вратити се неће, нестао је ред,
издајнику проклето и мајчино млеко,
што убици браће понудише мед.

*Србе које су киднаповали
припадници шиптарске терористичке УЋК
су одводили тамо одакле се нису вратили*

Последњи кораци

И данас му одзвањају у глави последњи кораци недужних људи, причао ми је шиптарски официр УЋК, кога сам заробио у њиховој болници у селу Блаце, на Косову и Метохији, недалеко од варошице Сува Река.

Када се више нису чули на трећем спрату, узнемирио се командант Даја као никада до тада, али није знао зашто.

Људи са спрата су сишли, носили су мале, ручне фрижидере са пластичним кесама пуним крви, нулта група, баш она која треба команданту Гурију.

Даја је обавио свој задатак, задовољно се поздравио са колегама, који су кренули према Малишеву. Својој пратњи наређује да се спреме на пут за Албанију. Свом заменику, команданту болнице, наређује да тела двојице са нултом крвном групом, баце у исту јаму у коју су бацили неке које су морали да убију, јер нису могли другачије да их ућуткају.

Пре него што је изашао, окренуо се и рекао:

„Само река Мируша сме да вас види. Нико други", одбрусио је и сео у возило.

Командант Гури је преживео, примио је српску крв – нулте групе. Тако је преживео злогласни српски непријатељ, уз помоћ српске крви, а цех за све то су платила три Србина и једна Српкиња, и ако су на трећи спрат, на пут без повратка отишла само два.

Млади момак од 20 година и старији човек око 65 година живота, наравно, нису добили обећану слободу.

Њих двојица су следеће ноћи однети и бачени у јаму Волујак. Тамо је смрт нашло много невиних душа.

Тамо су бачени и они јер су имали крв нулте групе и били Срби.

За шиптарске бандите бити Србин је био највећи грех, који су кажњавали убиством, али се српске крви и органа нису гадили.

Бити Србин на Космету и то на територији коју су контролисали они, то је значило сигурну смрт.

Командант Даја је убио више Срба од свих команданата УЋК заједно, а није ни метак испалио. Он је то сматрао борбом за свој народ и државу.

Никада му није пало на памет да они које је он убијао нису носили оружје. Тога се сетио тек када је заробљен од стране српске полиције. Зашто ли се баш тада сетио свега?

Вратио се у Албанију. Отишао је до кампа за обуку да би се видео са Сејдијом и поднео му рапорт. Тамо је живео неким другим животом. Излазио је увече са пријатељима, често је био у друштву лепих девојака.

Једино чега није могао да се ослободи после обезбеђивања крви његовом команданту Гурију јесте онај младеж на врату младог Србина. Стално су му пред очима били младеж и она два непријатеља Србина.

Једне ноћи је сањао како из оног младежа на врату младог Србина говори Агрон, његов млађи брат који је умро још док је био мали. Одлазак мајке није могао да преживи и једног јутра није устао. Умро је.

Тај сан га је толико измучио да је почео да се плаши да ће полудети.

Сву ноћ је из тог младежа избијао глас Агронов. Изговарао је само једну реч:

„Зашто, зашто, зашто, зашто..."

Стотину пута поновљено „зашто" није добило свој одговор. Није знао зашто је све то радио.

Ноћу је сањао тај младеж и као да га неко гледа из њега. То му је стварало ноћне море. Осмех младог Србина, сузе старца који милује дечаков младеж.

Често је сањао и старца који клечи испред њега док му љуби прстен. Све то га је чинило веома раздражљивим.

Постао је другачији. Зашто, ни то није знао.

Пре тога је убио много Срба. Никада их није сањао. Нису му ни на памет падали. Шта је то код оне двојице било другачије од свих пре, али и после, није знао.

И после тог случаја, много Срба је спровео до Бурела, до Жуте куће. Одакле су их преузимали и вадили им бубреге, срца, плућа, јетру... Потом су такви искасапљени завршавали у некој од јама. Али њих никада није сањао.

Све време, трају борбе шиптарских терориста на свим фронтовима против Срба.

Од протеривања, пљачкања, мучења, силовања, киднаповања, до најбруталнијих убистава, ненаоружаних људи, невине деце, стараца и жена.

Команданту Даји је припало „почасно" задужење које до тада није имао ни један војник на свету:

Организовао је вађење органа, људима које је киднаповао као ненаоружане људе. То су били цивили који су радили на њивама, путници из аутобуса, деца која су ишла или се враћала из школе.

Због своје оданости, бескрупулозности и бруталности, командант Даја је ванредно унапређиван неколико пута. Један од најближих сарадника Сејдије Весељи, једног од оснивача илегалне УЋК и острашћеног србомрзитеља.

Највећу заслугу и највећи профит командант Даја је остварио продајом људских органа, па онда од продаје људске крви, али није било занемарљиво ни оно што је добијао да би „ослободио" киднаповане, обећавајући да ће их ослободити чим му дају паре и ако је знао да су сви били већ мртви.

Обећавао је слободу убијенима, а од њихових најмилијих у очају од туге и скрханих болом, добијао све што би им затражио. Давали су злато, новац и све што је могло да задовољи зликовца Дају, који им је убио најмилије.

То је оно на чему почива „држава" Косово. Неверовтна машинерија смрти и страдања људи ради материјалних вредности.

Све оно што пише у Курану и Библији обрнули су наглавачке. Све што су радили и што даље раде у супротности је са Божијом вољом.

Док се исповедао у соби пуној крви и мртвима, учинило ми се на мах да се командант Даја упитао – зашто је све то радио. Али само на мах. Призор који ме је увезао са његовом судбином отупео је моја сва друга запажања.

Кад год би командант Даја погледао у мртву Српкињу, чију је руку љубио, плакао је, јецао, није могао да прикрије раздирућу бол. То је било јаче од жеље да се покаже као прави борац, високи официр УЂК!

Мазио је руку и косу мртве Српкиње. Нисам схватао откуд то! Пре тога је многе Српкиње бездушно побио, убијао је и српску децу немилосрдно. Није му их било жао: то су Срби и њих треба убијати! Научио је то добро на посебној обуци у кампу за обуку терориста, надомак Тиране.

Шта се десило у његовој глави кад је дошла та жена, која је имала намеру да му да 500.000 немачких марака?!

Узимао је, пре тога, у много сличних ситуација много новаца од Срба. Није га гризла савест што их лаже. Тако је убио и свог вршњака, Жарка. Није помогло ни то што му је отац био полицајац, исто као отац команданта Даје, што су им очеви били иста генерација, дружили се, радили заједно.

У предратна времена отац Жарков је често бивао у кући Дајиног оца Енвера. Долазио је са својим синовима. Играли су се сви заједно. Агим, Агрон, Фадиљ, Фљорим, Жарко и друга деца. Али је само Жарко киднапован, стигао у шапе свог друга из детињства Агима. Јер је био Србин.

Негдашњи Агим, командант Даја, све је заборавио. Похлепа је поништила сваки траг људскости и племенитости у њему, предао се крвавој трговини – продаје органе и крви чак и својих најближих другара из детињства. Осим новца, ништа га друго није интересовало. И заклетве Великој Албанији.

Заклео се на верност Великој Албанији, а то је подразумевало и на мржњу према свим Србима на планети: „Све што је српско треба уништити."

Тако је размишљао све док му нека стара Српкиња није пољубила чизме, када је стигла до њега. Војничке, крваве чизме. Ипак их је љубила, мазила и сузе које су по њима капале користила да их очисти од прљавштине, изгланца.

Суза раствара крв, слана је, па су се крваве флеке са Дајиних чизама брзо уклониле. Стара Српкиња није чизме гланцала рукавом или марамицом. То је радила својим голим рукама.

Прво руком обрише своје очи, покупи сузе, па том истом руком гланца чизме официру УЋК, команданту живот и смрти, чувеном по окрутности, Даји. Туга и љубав на истом месту. Зашто?

Командант Даја се једном месечно састајао са Фадиљом, бившим полицајцем криминалистичке полиције МУП-а Србије, иначе родом из Сијаринске Бање, која се налази на југу Централне Србије. Он му је био веза и посредник у контактима са родбином киднапованих Срба.

Отац Фадиљов, Хајдар је био полицајац у Приштини, исто као Дајов отац Енвер, али и Жарков отац је био полицајац. Хајдаров и Енверов син су остали живи јер су Шиптари, а Жарко, иако му је отац био полицајац, изгубио је свој живот, као и сви пре и после њега у тој машинерији најстрашније смрти. Извађени су му и продати органи.

Очеви су живели нормално, а синови су одлучили да то прекину.

Даја је у тим контактима узимао слике киднапованих, обављао разговоре са њиховим најмилијима, одређивао цену и обећавао да ће следећи пут донети своје слике и видео снимке, како би унесрећени Срби видели и препознали своје нестале. Све је то командант Даја „лепо" организовао и Чак је направио систем који ће му омогућити да једног Србина и по неколико пута прода.

Приликом таквих сусрета са Фадиљом, обезбеђење је организовао Нуредин. Њега није интересовао садржај разговора, он је био задужен само за безбедност Даје и његових људи.

Нуредин је био високи официр српске полиције. Некада је био и командант специјалне антитерористичке јединице МУП-а Србије у Приштини.

Завршио је војну академију. Он је био нешто другачији, иако је био један од највиших официра УЋК.

Нуредин је организовао нападе на своје бивше колеге, полицајце. Србе. То је радио у региону Подујева, Лужана и Орлана. Многе своје колеге је побио из заседе. То је био „специјалитет" шиптарских „хероја", да убијају из заседе. Тако је радио и Нуредин. Знао је куда и у које време пролазе. Код многих је некада долазио кући као колега и пријатељ.

Како и зашто је одлучио да то не буду више? Шта га је нагнало да их убија мучки и без кривице?! Шта се то тако дубоко у неким људима, само зато што су Шиптари, променило, какав отров им је заслепио ум и душу, да без разлога постану највећи зликовци?! Били су то припадници полиције, који су се школовали о трошку Србије, који су најпре заратили против полицајаца, својих дојучерашњих колега, па и пријатеља – Срба.

Фадиљу се иначе ставља на душу да је надзирао „акцију" киднаповања др Андрије. Колико је све то и тачно? Нико неће да се озбиљно позабави истрагом.

Сазнајем кроз исповест комнанта Даје да су се приликом његових сусрета са члановима породица киднапованих дешавале невероватне ситуације.

Једном приликом су дошли на преговоре људи из централне Србије, чији је рођак нестао док је као војник покушавао да изађе са Косова и Метохије и оде до куће, код својих, на одсуство. Дошли су и рекли да немају пара. У замену за свог војника, уместо пара, нудили су три мушке главе.

Рекли су:

„Вратите њега, водите нас тројицу."

То су били војников отац са два брата. Отац и два стрица, нуде своје животе уместо пара.

Команданту Даји би то и одговарало, али је војник већ био мртав.

„То је нешто чега ћу се сећати дуго", рекао ми је војник УЋК, док је плакао.

Дешавало се да рођаци киднапованих поверују у неке приче и осећања, па крену са Дајом и његовом пратњом, надајући се да „беса" коју су им дали када су им гарантовали безбедност, има тежину онолику колику је имала код генерације њихових родитеља или дедова и прадедова.

Погрешили су. Код Даје је важила само реч коју је дао УЋК и Сејдији. Све друго му је служило за остваривање циља: отимања од Срба свега што се могло отети, па и њих самих.

Лаковерни су опљачкани, а затим смештени у просторије болнице УЋК у селу Блаце.

Тада „илегална болница" је била снабдевана лековима из фабрика из централне Србије. Како су до њих долазили ни Даја није смео да пита.

Датуми на тим лековима су били млађи од оних који су се налазили по апотекама широм централне Србије.

Све што је везано за ту илегалну болницу-логор, било је невероватно, па и то.

На пример: формирана је у центру села, још увек под ингеренцијом српске државе; функционисала је беспрекорно, иако под катастрофалним условима; служила је као логор, а српске власти су је дуго толерисале.

Мајка

Небо гледа, Бога моли
сама хода, сина тражи
још јаче га сада воли,
нада мајке боли блажи.

Реци, небо, мајка чека
сина свога, да се врати,
до смираја нема лека
мисао је једна прати.

Можда лажу, није страд'о,
загрљај још сина чека,
мајка сања лице младо,
а низ њено суза река.

Мајка сад је сину пошла,
небу њена душа оде,
у загрљај смрти дошла,
он је горе због слободе.

Шиптар Аслан Клечка који је направио многа злодела родом је из Ораховца

Специјална понуда

Даја се тада налазио на подручју Тетова. Обилазио је јатаке и тражио нове „добровољце". Сада већ искусан, познати официр УЋК, где год би се појавио, то би за Шиптаре из те средине представљало посебну част.

Утркивали су се да га угосте. Све што би пожелео, било је његово. Младе Албанке су га гледале као хероја и правог мушкарца. Нису се либиле да му то покажу, али и докажу „делима".

Дешавало се да пожели неку младу Српкињу, Рускињу или било коју другу, само да буде православка. Ту жељу су му испуњавали, али су за то морали да ангажују Мет Касумија који је био од УЋК задужен да врши прогон српског живља из урошевачког краја. Припремао је терен на коме је касније подигнута база НАТО-а Бонстил. Други задатак му је био одржавање контаката са Србима из централног Космета.

Све то је Мет успевао. Није било шансе да се нешто не одради када „Велика Албанија" зове.

Мет је имао друга из Приштине, који је био власник хотела. У том објекту се организовала проституција.

Девојке из Русије су довођене на преваран начин. Онако како то знају само трговци белим робљем. Било је ту заточених Сркпиња, Црногорки и других. Једини услов је био да морају бити православне вероисповести.

То што су многе од њих биле и малолетне, то није сметало власнику тог објекта. Корисници услуга тог „хотела" у Приштини нису имали примедби на то што су многе биле малолетне.

Напротив – годило им је.

Девојкама су претходно узимали сва документа, да не би могле да им измакну из власништва.

Мет Касуми је од власника Хотела Парк узимао девојке и доводио их у Тетово, код команданта Даје. Шта се са њима даље догађало – то зна само командант Даја. Мет зна које девојке нису враћене.

Док се тако проводио код својих јатака, једном приликом стигао је хитан позив.

Порука је гласила:

„Јави се одмах Фадиљу из Сијаринске Бање."

То од њега тражи Сејдија из штаба у Тирани.

Када стигне порука потписана тајним именом Сејдије Весељи, све се прекида и одлаже за неки други пут.

Обезбеђење које је увек било у близини, добија сигнал за покрет. Питања нико не сме да поставља.

Возило – „чистач" иде сат времена раније и осматра терен. О томе обавештавају шефа обезбеђења команданта Даје, капетана Фљорима, некадашњег припадника специјалне јединице МУП-а Србије.

Дугогодишњи специјалац је знао како се организује обезбеђење колоне. Некада је обезбеђивао и Нуредина, док су радили у Специјалној антитерористичкој јединици МУП-а Србије.

Као искусан полицајац, а сада официр УЋК, Даја мења возила. Тако налажу правила у ванредним приликама.

Она возила са којима су дошли остављају се на видним местима. Код њихових јатака, у двориштима, по паркинзима, како би македонска полиција могла што лакше да их примети, а деловало је као да су их крили.

О томе би обавештавали своје православне „колеге" из Србије.

Тако су доводили у заблуду све оне који су их очекивали да наиђу у тим возилима.

„Научила их Србија како да се боре против ње."

Командант Даја се јавља Фадиљу, који се у том моменту налазио код Дестана у Приштини. Разговор је био кратак и јасан.

„Појавила се једна жена која тражи сина и брата, али она нуди озбиљну суму девиза."

Фадиљ потврђује да је новац лично видео. Предлаже да што пре стигну са сликама, жена не прави проблем, пустиће лако све паре.

То је уствари „специјална понуда" у односу на све претходне.

Не треба губити време, оваквих прилика немамо много, Срби су сиромашни, немају пара.

Ту се разговор и завршио.

Возило извиђач је прошло територију Македоније, предлажу да се крене.

Мет их чека, чим уђу у Србију. Он ће се прикључити колони возила, јер њега зна српска полиција, па у случају непредвидивих ситуација, он ускаче, алармира своје кртице у српској полицији и ствар бива решена без много перипетија.

Чим су се спустили са превоја Глобочица на Шар-планини, свратили су код првог јатака Ђемајља да би се одморили, попили чај и доручковали.

Наставак пута иде по неутврђеном плану, то одлучује командант Даја и капетан Фљорим.

После доручка, возач који вози Дају, добија новог сапутника, иначе некомпромитованог Шиптара, када је у питању Србија. Он по висини и боји косе подсећа на Дају.

Даја прелази у возило код Мет Касумија и крећу.

Тако су хтели да избегну могућност да је нека информација из Тетова о њиховом кретању процурела и да их неко пресретне.

Колона креће према Урошевцу и даље ка Приштини, али у њој нема команданта Даје. Он је са Метом скренуо према Призрену, а да о томе претходно нису обавестили обезбеђење.

Они ће истовремено стићи на циљ, али из два различита правца.

Место Мутиводе се налази на самој граници централне Србије и Космета. Удаљено је од Приштине 40 км. Пут је вијугав, кривине, шума и успон. Зими најчешће непроходан. „Рај" за терористе

На том путу је и село Качикола. Ту су њихови људи које предводи бивши полицајац Суљо. Он је радио у криминалистичкој полицији МУП-а Србије, у секретаријату у Приштини.

Познавао је све полицајце, који би се могли појавити на релацији Приштина–Мутивода.

Његов посао је био да „очисти" ту деоницу. Све је функционисало савршено за те услове.

Колона возила са лажним командантом Дајом и капетаном Фљоримијем је прошла Приштину и њима је до циља остало нешто мање од 35 км.

Мет Касуми са „правим" командантом Дајом сврaћа код провереног пријатеља, власника хотела који се бави организовањем проституције.

Он је Мету завршавао све код српских власти, ако је било потребе, али повод њиховог задржавања овог пута био је други.

Ту су биле тих деведесетих година заточене младе Рускиње и Српкиње. Власник хотела и његови истомишљеници и „заштитници" су их присиљавали на проституцију.

Док су власник хотела и Мет Касуми причали и дружили се уз обилат ручак, командант Даја иде на други спрат хотела, добија посебан апартман и две најлепше и најмлађе девојке, једна Рускиња и једна Српкиња. Оне су добиле посебне инструкције супруге власника хотела, иначе Шиптарке, како треба да се понашају према том „угледном" госту. Знала је како се то ради. Имала је искуства.

Времена није било много, па је све трајало кратко, на срећу, ако не неког другог, а оно макар тих девојака.

Опет иде изненађење. Власник хотела даје Мету свој џип, уз образложење да ће лакше пролазити пунктове српске полиције – „тај ауто сви познају".

Само је један „мицубиши пајеро" те боје у Приштини, а вози га он кога сви полицајци познају.

Тако су и урадили. Настављају пут. Након нешто више од сат времена споре вожње стигли су на уговорено место.

„Чистачи" и обезбеђење су већ били на лицу места.

Дошао је и Рустем Мустафа, звани командант Реми, из Подујева. Он је на том потезу, од Мердара до Приштине и од Орлана до Палатне, вршио киднаповање српског живља.

Хтео је да се види са чувеним командантом Дајом и да му поднесе рапорт о киднапованима, које би требало транспортовати за Албанију.

Одлазе у кућу свог јатака Шабана, иначе некадашњег директора једног ОУР-а предузећа Пут-Приштина.

Тамо је био и Нуредин.

После уобичајених питања за здравље породице и лично, попили су по неки чај.

Реч добија Фадиљ:

„Већ месец дана жена која живи на северу Србије, тражила је да се види са мном. Имам гаранције мојих људи са којима сам некад радио да јој је намера чиста.

Примио сам је на разговор јуче када сам вам и јавио о томе. Видео сам паре које нуди, све је у немачким маркама – 500.000. Жена је близу, само да се договоримо за даље.

Дала ми је и слике сина и брата. Нуди све што има за њихов откуп."

Пружио је слике Даји, који их је овлаш погледао.

Рекао је:

„Одлично, имамо све. Фотографије смо понели, то је код мог обезбеђења, а имамо и видео запис. Неће бити тешко."

Окреће се према момку из обезбеђења, онако победнички га пита:

„Знаш ли о коме се ради?" и показује му слику коју је добио од Фадиља.

„Не сећам се", одговорио му је.

„Па то су они што су спасили команданта Гурија.

Само њихова крв је могла да му помогне.

Они су имали нулту крвну групу."

После те информације присетио се.

Састанак са једном тачком дневног реда је завршен. Командант Даја предлаже Фадиљу да по већ утврђеној процедури настави преговоре.

Наређује да се слике отетих Срба, којима је крв извађена до задње капи, пре само неколико дана, предају тој жени.

Они су бачени у јаму Волујак, али то није било важно команданту Даји и осталима.

Превара, криминал и тероризам су ослонци на којима почива УЋК.

Даја са својом екипом креће назад, а Фадиљ иде у село Туларе, близу Сијаринске Бање, где га је чекала и она жена са парама.

Са њим креће и Флоки, а Нуредин се враћа у Орлане код својих.

Командант Реми из Подујева иде за Дубницу да би се спојио са екипом коју је оставио да чекају даљу команду.

По наређењу Рустем Мустафе, команданта Ремија, наредног дана је у плану заустављање аутобуса који саобраћа на релацији Истамбул–Призрен.

План је да опљачкају све путнике и неколико киднапују, ако буде било Срба.

Све то морају да изведу између надвожњака Мердаре и раскрснице за Подујево. Тај део се зове Ливадице. Брисани простор, снајперисти УЋК тај део магистралног пута свакодневно засипају снајперском ватром.

Реми је тако функционисао. Пљачке, убиства, отимачина, киднаповања, силовања...

Командант Даја се вратио у Албанију, о свему известио Сејдију Весељија, а он лично команданта Гурија.

Гури обавештава Змију, главнокомандујућег и објашњава му да Даја може да узме 500.000 ДМ на конто откупа и „ослобађања".

Њихова крв ти је спасила живот, па ти предлажем, јави им да смо донели одлуку да те паре они поделе. Даја и Сејдија су много урадили за УЋК, па их на овај начин награђује Главни штаб и Змија лично.

Командант Гури преноси поруку главног штаба Сејдији, а он Даји.

Само још да се обави реализација тог плана и они ће бити богатији за по 250.000 немачких марака.

То ће узети за људе које су већ убили.

Даја зове Фадиља и наређује да ону жену, Српкињу, доведу уз највеће мере безбедности и уз максималну конспиративност, до болнице у селу Блаце. Што је пре могуће, рекао је Даја, да се жени нешто не деси. Од туге може у тим годинама и да умре, а то значи да ми остајемо без пара. Њој више не требају, њене смо побили и нема коме да их да, она је у годинама, значи да паре само нама требају "нашалио" се командант јединице задужене за убијање ненаоружаних и недужних Срба.

Док су Сејдија и Даја вечерали у једном оближњем ресторану, у центру Тиране, Даја вади слике она два Србина, којима је извађена крв до последње капи, показује их Сејдији и објашњава му:

"Ови су спасили команданта Гурија, а сада би требало и нас да мало помогну", "нашалио" се Сејдија.

Даја гледа оне слике. У моменту када је то рекао Сејдија, осетио је као да га је нешто пресекло преко стомака.

Није знао зашто. Откуда то. Раније није имао здравствених тегоба. Све се дешава од тренутка када је она два Србина "испратио" на трећи спрат илегалне болнице УЋК.

Сејдија примећује да је Даја забринут, да изгледа мало уморнији него обично, предлаже му да остави те слике, то је све већ готово и о томе не треба размишљати, саветује га Сејдија, искусни зликовац.

У међувремену, конобар на колицима гура огромну количину хране и пића за „угледне госте". Они никада нису имали проблем са картицама или чековима, плаћали су све „кешом".

Сервирању се прикључују и два млада конобара, како би то све лепо распоредили, да се „угледни" гости не би узнемиравали непотребно.

Поред осталих ђаконија испред Даје је серviran говеђи бифтек. Он узима нож и виљушку, покушава да сече бифтек. Из њега на све стране цури крв. Даји једна капљица крви прска по новој, белој, фирмираној кошуљи. То га нервира, из свег гласа зове конобара.

Дотрчали су конобари и шеф кухиње.

„Зашто је овај бифтек оволико крвав?", пита доста изнервиран.

„Господине, бифтек се тако припрема. Ми смо вама и раније тако припремали бифтек, па вам није сметало. Испећи ћемо га додатно или донети други. Али тамо, у кухињи, изнад стола на коме се то спрема стоји и подсетник шта воле наши „најугледнији" гости.

Тамо пише да ви волите крв. У подсетнику стоји да волите сировије и крваво."

Даја га гледа видно узнемирен и на ивици да направи хаос. Руку је спустио на пиштољ. То примећује Сејдија и покушава да смири ситуацију.

„Тачно је да воли крв, али не говеђу, већ српску", нашалио се Сејдија са намером да смири ситуацију.

Сви бризнуше у смех. И „команданта" болнице која продаје српске органе, српску крв, Србе, то насмеја и орасположи.

Вечерали су Сејдија и Даја. Платили су све „крвавим" парама, појели крвави бифтек и отишли у Бурел да уговарају крваве акције – продају људских органа српске националности.

Команданту Гурију припао је живот, Сејдији Весељи и команданту Даји по 250.000 немачких марака, а Србима черечење, смрт и јама.

„То смо сматрали као неки успех", наставља своју отужну причу љути и доказани злочинац, непријатељ државе Србије, официр УЋК, а сада заробљеник српске полиције.

Сејдија и Даја су сваког дана контактирали агенције које су им служиле за проналажење заинтересованих „купаца" људских органа.

На цени су били органи људи са Балкана, само је њих било могуће пресађивати без неких већих компликација.

Даја и Сејдија су често разговарали и о неким тзв.невладиним организацијама из Србије, које су они плаћали преко својих „агената" по Србији, али и са Запада. Оне су биле веома заслужне за безбедан пролаз њихових курира преко територије централне Србије. Чим би било каквих тешкоћа у том послу, оне би реаговале на свако задржавање Шиптара, бескрупулозно су их браниле, без обзира на то о каквом се зликовцу, криминалцу или лопову ради.

Та удружења углавном чине неке жене, које су одиграле велику улогу у ослобађању шиптарских зликоваца из нишког затвора. Око 1.800 бандита је ослобођено баш уз њихову помоћ. И њима су давали део пара узетих од продаје органа. Занимало их је само да добију „апанажу" од УЋК и да им се поставе задаци. Нападале би на српску полицију, државу ако треба, дизале то на ниво кршења људских права и тако радиле за УЋК, ослобађајући окореле убице Срба!

Оне су знале и шта су урадила браћа Мазреку. Знале су да су они на очиглед мајке силовали, мучили на најсвирепији начин и на крају запалили малу Јовану у кречани Клечка.

Ни то их није дирнуло. Ни то их није опоменуло да престану са одбраном криминалаца, лопова, силеџија, ратних злочинаца, убица... (Све то су радиле на бестидан и врло агресиван начин. Нису се либиле да 80-годишњег Србина, прогнаника са Космета шамарају на сред трга у центру Београда, за време протеста Удружења родбине несталих Срба на Космету. Њих је интересовало да део зараде од сваког продатог органа српских заточеника по шиптарским логорима припадне њима. Добијале су и проценат од продате српске крви. У томе су се утркивале. Њихов удобан живот је у директној вези са злочинима које су организовали и правили Сејдија, Весељ, Хашим Тачи, Рамуш Харадинај, Тахир Земај, Љимај, Баљај и још многи други. Оне су биле позиване на сваку прославу коју је УЋК организовала. А добиле су и „државна" одликовања у Приштини.)

После десетак дана долази официр за везу са космским шиптарима и каже да је уговорен састанак са оном женом, Српкињом која тражи сина и брата!

Обраћа се команданту Даји лично и каже:

„Она српска курва је пристала да дође на састанак у болницу у селу Блаце. Стиже у наредна три дана, биће смештена у хотелу у граду Призрену. Тамо ће је чувати српска полиција, али ће поступати по нашим захтевима, без поговора. На све пристаје, само да види своје најмилије живе", уз животињски смех-кикот, рапортира он.

Задовољство нису могли да прикрију. Највише су се радовали Сејдија и Даја. Превара је успешно припремљена. Само остаје да се технички прецизно и реализује.

Сејдија је био сав озарен. Причао је Даји како ће паре одмах послати брату Рахмону, од којих ће он купити неколико станова од Срба, по насељима града Приштине. Имао је у плану да следеће паре пошаље сину који се спремао за женидбу. Чим неко затражи српско срце, бубреге, плућа или било шта друго, спустиће цену, само да би што пре спремио паре сину за свадбу.

Биће то још једна крвава свадба, на просторима Балкана.

За разлику од њега Даја се радовао, али га је нешто гушило, мучило, враћало у стара времена, сећао се детињства.

Није знао шта се дешава, али није могао да се радује као Сејдија. Никако није могао да се одлучи шта ће урадити са парама. Код њега није било никакве еуфорије, као да није све готово завршено.

Сутрадан, одмах почињу са припремама за одлазак у Србију. Даја тражи да му овог пута у обезбеђењу буду Албанци из Албаније или муџахедини. Услов је био да не знају српски. Није хтео да буде сведока који би разумели шта ће обећавати жени, чијег је сина и брата убио.

Узео им је крв до задње капи. Сурово убиство да суровије не може бити.

Вече пред полазак у Србију, да би преузео паре и преварио очајну жену, сања оца. У сну га је видео онако како га у животу никада није видео:

Обучен у полицијску униформу, шиптарског официра, насмејан, држи га за руку, а са друге стране мајка, исто тако весела и раздрагана држи га за другу руку и шетају се. Сањао је себе са родитељима. Отац му је само показао чин који је добио као унапређење и рекао му како ће му сада плата бити већа, зато мора да се поштује и цени шиптарска војска, али ће морати да је слуша и он, без обзира што је дете.

Необичан сан га је пробудио око два сата после пола ноћи.

Спавања више није било.

Устао је, умио се и сео на кревет. Није му било јасно шта га толико мучи. Оваквих путовања је имао много. Све је већ „уиграно" и испланирано до детаља. Није морао да брине да не буде заробљен од стране српске полиције.

Имао је своје кртице у њиховим редовима који су му све јавили. Свака опасност се отклањала на време.

То што сања оца приписивао је грижи савести, јер се његов отац Енвер убио због њега.

Мајку је сигурно сањао зато што је није видео тако дуго.

Онај дечак из сна, у ствари он, тачно је био толиког узраста, када му је мајка отишла. После тога је никада није видео.

Тако је оправдао сам пред собом и својом савешћу „необичне" снове и тек онда је био онај „стари, прекаљени, неустрашиви" и најнемилосрднији командант Даја.

Често присећање на оног младог Србина, његовог младежа на врату и оног старца који му је љубио прстен којим му је поцепао лице, много више га је мучило и давило.

Стари ратник, официр УЋК, професионалац, не сме да слуша снове и подсвест. Он мора увек, у сваком тренутку да буде опрезан као змија. Тако кажу „правила" за све оне који су се заклели „Великој Албанији" на верност, оданост, пожртвованост и лојалност.

Креће на пут.

У обезбеђењу су му четири муцахедина. Они су знали само по пар речи на српском. Били су ратници са огромним искуством.

Њихова обука је подразумевала и клање Србина или било ког другог хришћанина-православца, пред стројем.

То би био доказ да је зрео за рат.

Нико од оних који су били у возилу са Дајом није могао да пуши, користи мобилни или слуша радио.

Командант Даја је био строг и неумољив према њима.

Путовали су устаљеном маршрутом, није било потребе за посебном опрезношћу. Тако су јавили јатаци са терена. Њима је Даја веровао, јер су се доказали и у борби.

Сада само раде посао обавештајца, убаченог шпијуна међу Србима. Једино што су радили је киднаповање Срба и Рома, ако се за то укаже добра прилика.

То нису пропуштали.

Шест сати ујутро, јесен, ветар језиво завија, као да шаље сигнале, онима који се спремају да крену у још једну злочиначку експедицију, да преко Проклетија и са друге стране Шар-планине, није баш све како би они желели.

Возило упаљено испред кампа за обуку терориста је спремно за покрет. Мотор је загрејан. Муџахедини проверени, сви су то доказали док су клали српску нејач пред стројем.

Командант Даја се гледа у огледалу док пере зубе. На тренутак му се учинило да у огледалу види оног младог Србина. Тргао се најстрашније. Вратио је концентрацију потребну за све оно што га може чекати на том путу.

Скинуо је прстен и оставио га на сталку поред умиваоника. Тако је радио увек. Био је то велики златан прстен и сметао му је док се брије.

Хтео је да изгледа одморно и смирено, иако то није био. Неки, до тада непознати осећај туге, бола, страха, поноса и жеље за доказивањем лојалности његовој "Великој Албанији" команданту Сејдији и УЋК, се помешао. У глави кошмар.

Четворица муџахедина су мирно и без икакве нервозе чекала свог шефа у овој акцији.

Даја завршава са бријањем, војничким утезањем и полако силази на паркинг. Муџахедини су, чим су га приметили да излази, заузели борбени положај. Возач је за воланом теренског возила са упаљеним мотором, сувозач десном руком држи отворена врата, а у левој аутоматски пиштољ хеклер са пригушивачем, преостала двојица, окренути леђима команданту Даји контролишу простор који је у њиховом видокругу.

Командант Даја је сео у возило. Ушли су људи из обезбеђења.

"Експедиција" за убијање Срба је кренула. Одлучили су се да пређу преко прелаза Ћафасан. Тако је договорио Даја са својим обавештајцима.

Нико није смео ништа да пита. После пар сати вожње су прешли албанско-српски гранични прелаз. Све је прошло у најбољем реду.

Онако, док је дремао, Даја је имао обичај да палцем десне руке додирује и окреће прстен који носи откад се замомчио. Од средње школе га никада није скидао, осим када се брије или купа.

Сви су мислили да спава. У једном тренутку је скочио. Наредио је да стану. Сви су га гледали зачуђено. Гледао је своју десну руку – прстена није било. Никоме није падало на памет шта то значи за Дају.

Рекао им је да морају да се врате у камп. Свима је то сметало, то дуплира ризик, прави проблем обавештајцима који су били распоређени за случај потребе, да им се пружи помоћ.

Касниће најмање 7 сати, а то може да промени ситуацију на терену.

Наређује да возач вози што је могуће брже. Обезбеђење је помислило да је полудео. Враћа се за прстен који вреди можда 1.000 немачких марака, а ризикује да сви изгину.

Нису смели ни да помисле да га не послушају. Да би примили „плату" Даја је давао одобрење.

Поново граница, поново одлазак у камп за обуку. Иако је Даја знао да нико не би смео да му дира тај прстен до његовог повратка, он се ипак одлучио на најгору варијанту.

Вратио се са пола пута, што може да буде и лош знак. И те мисли је терао од себе.

Када су стигли у камп, возилом су дошли до објекта у ком је Даја спавао. Излетео је из возила пре него што се возило и зауставило.

Ушао је у свој апартман и са невиђеном узнемиреношћу ушао у купатило.

Прстен га је чекао тамо где га је и оставио – на сталку поред лавабоа.

Узео га је, ставио на средњи прст десне руке и као никад до тада га пољубио.

Како је стајао пред огледалом видео је оног старог Србина који му је љубио тај прстен, пошто га је њиме немилосрдно ударио и поцепао му део лица.

Уплашио се поново. Протресао је главу, терајући неке мисли и слике људи које је побио, што даље од себе. Нема емоција, говорио је стално. Упозоравао је себе, да он све што ради, ради за свој народ и државу.

Сада лагано и сасвим смирено силази низ степенице, улази у возило и наређује покрет.

Поново граница и сва искушења која су већ два пута те ноћи прошли.

Даја тим путем којим су ишли није ишао често. Леп крај „његове Албаније". Одличан терен за шетњу и разгледање. Док је гледао она брда и шуме у својој глави је то поредио са оним пределом у коме је рођен и растао.

Није смео никоме да каже, али му се Србија више свидела. Краћи део пута је преспавао. Све остало време вожње му је прошло присећајући се својих снова, оног чудног огледала у коме некада види себе, некада оног младог Србина са младежом на врату, а некада оног старог Србина који му љуби прстен.

Осећања су се измешала, да је и сам почео да верује да са њим нешто није у реду.

Са земљаног, сеоског пута су се укључили на асфалтни пут. То је било врло опасно по њих. Туда преко дана патролирају српска полиција и војска.

Крај дана је био близу, јесен је и брзо пада мрак, па ће се и полиција и војска Србије повући.

Њих чека само још једно безбедоносно искушење пре него што стигну до села Блаце, надомак варошице Сува Река на Космету.

Базу војске која је била у близини, нису могли да заобиђу на безбедној удаљености.

Свратили су код свог обавештајца и узели запрежна кола. Њих петорица и две жене, камуфлаже ради, су кренули према селу Блаце. Након сат времена коњског каса стигли су пред болницу.

Тамо их је чекала мања група припадника УЋК, на чијем челу је био Фадиљ.

Он предаје рапорт команданту Даји.

Поред тога да је Српкиња под њиховом контролом, да проблема са српском полицијом нема, као и то да су паре већ на „сигурном", извештава да је од те жене, док су путовали од Медвеђе преко Сијаринске Бање до Призрена, сазнао да она тражи још једног сина.

Улазе у просторију предвиђену за преговоре. Даја седа на кауч, двојица из обезбеђења са леве стране улазних врата, а двојица са десне. Они ни за тренутак не смеју да из вида испусте команданта који им је поверен.

Фадиљ наставља причу и каже:

„Само када жена види видео запис, снимак њеног сина и брата, телефонираће да паре могу да преузму наши, а она је пристала да пође са нама ради преузимања својих најмилијих."

„Ствар је завршена", хвали се Фадиљ команданту Даји.

Даја не заборавља оно што је чуо од Фадиља, да та Српкиња тражи још једног сина. Шанса за још једну превару?

Пита:

„Има ли слику тог другог сина којег тражи?"

„Има, али само кад је био мали и ту немамо неких могућности да нешто урадимо", прокоментарисао је Фадиљ.

„О томе не одлучујеш ти, већ ја", љутито је одбрусио неприкосновени командант живота и смрти, свих заточених Срба у болници Блаце.

Фадиљ се само извинио и покорно рекао:

„Разумем, господине команданте!"

Фадиљ, некадашњи полицајац српске полиције, син полицајца, официр УЋК, буквално се тресао од страха, јер је изнервирао онога који може да га убије без иједне речи и да о томе није ни дужан да обавести било кога, или било шта објашњава.

Даја наређује да доведу ону Српкињу и уведу је у „оду" (собу за преговоре).

Двојица припадника Фадиљовог обезбеђења излазе ван зграде, иду до ближње приватне куће и доводе уцвељену жену.

Улази Српкиња, обучена сва у црно, избораног лица. Нешто више од 50 година, али спремна за борбу на живот и смрт. Није се плашила ни од кога и ни од чега. Хтела је само да спаси сина и брата.

Поред туге и жалости коју осећа за њима, њу гризе савест. На пут са кога се нису вратили послала их је она.

Даја, онако моћан, седи на каучу те собе, чека да жена пред њим клекне, јер пре тога није смела да почне са причом.

О том „правилу" је већ била обавештена. Ништа јој није тешко падало. Хтела је и живот свој да да, само да још једном види сина и брата.

Сав срећан, командант Даја, већ види паре код њега и Сејдије. Постао је богатији за 250.000 немачких марака.

„Причај!", викнуо је „моћни Даја".

„Када су почели ови немири, мог сина Александра и брата Рајка, послала сам на Косово и Метохију да ми нешто заврше."

„На Косово – нема Метохија", опомиње је Даја.

„Добро, на Косово", исправља се жена, док гледа у патос, испред чизама команданта Даје. „Они се нису вратили, па сам их дуго тражила преко српских власти, које нису могле ништа да ми помогну."

„Они су овде окупатори и не могу да помогну ни себи", опет је исправља командант Даја.

„Тада сам одлучила да потражим моје најмилије и понудим све паре које имам, ако неко може да ми помогне. Тако сам дошла до овог доброг човека", и показује руком и погледом на Фадиља. Он се само смешка и брише своје танке брчиће.

Осмех је био у ствари подсмех.

„Тако сам уз његову помоћ дошла до вас."

Љуби му чизме и моли за милост.

„Срби су сиромашни, они немају толике паре, одакле теби?", пита је Даја.

„Мој муж, вредан Војвођанин, има велику земљу, све сами обрађујемо са нашом децом. То смо уштедели обрађујући и по 100 хектара земље годишње", одговорила је она.

„Када сам видела оне слике, које сте донели на Мутиводу, била сам сигурна да ћемо све завршити као људи", наставља своју исповест жена празног погледа и празне душе.

Само је туге и грижње савести било на претек.

„Молим вас да ми само пустите тај 'филм' да их видим, да су живи, паре одмах пуштам. Зовем телефоном и одобравам људима код којих су остављене у присуству овог господина" и показује поново руком на Фадиља, „да их предају вашим људима. Само ми пустите филм и више ништа нећу питати."

„Извршаваћу сва ваша наређења", каже жена, којој капљу сузе на чизме команданта Даје.

Даја поново узима њене слике и оне које је он направио пре него што је наредио да им се узме крв до задње капи у истој овој болници где жена чека да „види" сина и брата, одавно мртве.

„Ево, видиш", весело каже Даја, „то су исти људи, зар сликама не верујеш, поиграва се са женом на измаку снаге, од жалости, муке и грижње савести."

„Договор је био да видим и тај филм, каже намучена жена", док руком брише сузе са чизама команданта Даје.

Даја наређује да упале телевизор и пусте видео запис који гарантује да су живи они које жена тражи.

Не прежући од тога да жена може умрети од узбуђења и туге, пуштају филм.

Филм почиње: празна соба са две столице. У њу улази прво млади Србин, син и старији, брат жене која клечи.

Како их је видела завриштала је тако да је један од муџахедина одмах извадио нож са намером да је „ућутка".

Командант Даја је руком показао да се врати на своје место.

Фадиљ излази и доноси канту воде. Поливају жену, којој је већ пена почела да излази на уста.

Престала је да дише.

Даја тражи да је поврате како знају, јер још није дала знак својим људима из Призрена да паре могу да предају Фадиљовим обавештајцима.

Дотрчао је и неки сеоски доктор. Дао је старици неку велику ињекцију, директно у вену.

Почиње да дише и долази себи. Највише се радовао Даја. Она га, као људско биће није интересовала. Само новац.

Кад се мало повратила тражила је да јој поново пусте филм.

Желела је да их поново види живе како причају. Требало би да буде срећна, видела је сина и брата. Али она препознаје у братовој поруци, коју даје пред камерама поруку коју шаље само њој. То је порука поздрављања. Знао је шта их чека, за разлику од малог који није ни наслућивао трагедију.

Изговорио је реченицу коју је рекао много година раније приликом опроштајног говора, када је сахрањивао мајку. Тада је рекао, обраћајући се својој мајци:

„Теби сада тамо где идеш нека је Бог у помоћ. Он ће ти једино бити од помоћи", последње су речи које је упутио у опроштајном говору својој мајци, док се ковчаг спуштао у раку ископану у косметској земљи.

Српкињу која је гледала видео запис узнемирило је оно што је само она могла да препозна.

„Нама који сада крећемо, нека је Бог упомоћ", рекао је старији Србин, „јер нам само Он може и помоћи." После те реченице „захваљује" се „људима" који су му омогућили да то каже.

Ту реченицу свога брата препознаје мученица, пореди је са оном коју је изговорио док су мајку сахрањивали и схватила је у тренутку да га никада неће видети. Сигурна је била да неће видети ни свог сина, јер је том поруком њен брат само њој желео да јави да је то њихово последње јављање.

Ефекат је био исти, вრисак, чупање косе, лелек, ударање главом о патос. Жена није могла да се контролише.

Хаос од туге коју је осећала и начина на који је показивала.

Изгубила је опет свест од бола, туге и грижe савести за братом и сином који су јој послали поруку да се више никада неће видети.

Оно што је Српкињу скоро убило је када је у другом покушају да одгледа видео запис њен брат загрлио младог Србина, њеног сина, а свог сестрића и рекао како се никада више неће раздвајати.

Њен син ништа није наслућивао, млад момак без искуства, са осмехом на лицу, али брат који је одлично познавао Шиптаре није имао такав осмех. Оно што се препознавало на лицу брата је нешто што је тешко препознати као осмех, а лакше као најтужнија гримаса на лицу човека који више жали за сестрићем него за чињеницом да ће изгубити и свој живот.

Начин на који је ујак мазио сестрића је подсетио на тренутак када је сазнао, пре много година, да је њен други син умро. И тада је уместо суза на његовом лицу био осмех. Покушавао је да утеши сестру говорећи јој да се макар неће више мучити без мајке.

У другом покушају да чује шта говори њен брат чула је управо ту реченицу.

„Више се нећемо мучити, захваљујем се овим добрим људима, који су ми омогућили да све ово кажем."

За сестру и мајку која последњи пут гледа брата и сина је било превише. Није хтела да призна себи да јој је већ у том тренутку било све јасно.

Бол и туга су је савладали.

Све што је после тога разговарала са шиптарским терористима био је очајнички покушај да и она своју душу испусти ту, јер је неким чудним осећањем била сигурна да су и они своје душе испустили баш ту.

А да то није било само осећање, већ и оно што је приликом другог покушаја да одгледа видео запис и видела, знала је само она.

Пукотина на прозору карактеристичног облика који се налазио иза њих, а коју је она сасвим случајно приметила, била је пукотина на прозору собе у коју су је одвели да се одмори.

Дуго је гледала у тај прозор, дуго је гледала и у снимак тог прозора. Пукотина је била иста.

Сигурна је била да су и они пре ње боравили баш у тој просторији. Син и брат су своје живота изгубили ту где је она молила за милост, очекивала да јој буде боље.

Није желела после свега да остане жива.

Сада је само молила Бога да је прими себи, јер је то била једина могућност да се сретне са најмилијима.

У тим тренуцима је знала да је према њој искрен једино Бог, сви остали је лажу.

Даја наређује да се телевизор угаси, те да се касета врати у „магацин". То је значило у торбу једног од курира који је то носио од границе до села Блаце.

Та касета није смела да буде у истом ауту са Дајом и његовим обезбеђењем.

Поново су се сви ангажовали да се жена поврати и смири. Када је онај исти доктор из комшилука дошао, рекао је да је ова жена на ивици, не само нервног слома, већ и живота. Његов предлог је да она добије одређене седативе и да се одмори, најмање неколико сати.

Питали су Дајиног заменика задуженог за ту болницу у његовом одсуству, која соба је најопремљенија.

Она у којој се вади крв, на трећем спрату.

Одвели су жену у ону исту собу где су њеном сину, пре само нешто више од месец дана, извадили крв до задње капи. Под истим условима је страдао и њен брат.

Док се она тамо опоравља, Даја, Фадиљ, доктор и још пар официра УЋК причају о обичним животним стварима.

У соби са њом је остала и једна медицинска сестра, да је посматра шта се са њом дешава и да о томе обавести надлежне. Основни њен задатак је да када се жена, Српкиња пробуди, буде поред ње и спречи је да уради нешто са собом. Да не скочи кроз прозор, на пример.

Доктор је рекао да у таквом стању има велике шансе да изврши самоубиство, ако остане сама. То никако не сме да се деси, изричит је био командант Даја.

Овога пута све иде некако ван предвиђеног плана. Ипак се Даја надао да ће на крају бити све добро, макар за њега и команданта Сејдију.

Српкињи, скрханој болом, се назирао крај. У питању су били сати и њене муке ће се завршити. Неки од муџахедина ће их прекратити својим дугачким ножем, тако је размишљао командант Даја, али и сви остали, осим ње. Она се, ипак, надала сусрету са сином и братом.

После скоро четири сата спавања, несрећна жена се пробудила. Тражила је од медицинске сестре да је одмах изведе из те собе, сањала је свашта. „Снови су били толико ружни да не могу ни да их испричам", рекла је. „Води ме код команданта Даје", била је њена, испоставиће се, последња жеља.

Поново су отишли у „оду". Тамо су били сви на окупу. Жена је без ичијег наређења поново отишла пред Дају. Он је ту главни и од њега тражи милост.

Даја јој предлаже да више не гледају онај видео запис, довољно је било да се увери да су „живи" а и нема времена за губљење.

Она се сложила, само је климнула главом и рекла да једноставно није могла да се контролише. Извињавала се команданту Даји, објашњавајући да много воли децу. Родила је четири сина и једну ћерку. Свима имена почињу словом А!

Даја јој даје телефон и каже: „Ми смо наше урадили, уради сада ти оно што си обећала и крећемо по њих."

Измучена Српкиња више ни о чему не размишља. Узима телефон, зове неки број и јавља:

„Све је завршено, дајте им све паре."

То је морала да понови неколико пута. Њен глас је био чудан ономе ко је разговарао са њом.

Када је то последњи пут поновила само је упозорила и замолила саговорника да је не мучи и он.

„Довољно сам измучена и без тебе, молим те, дај те паре и ми смо завршили. Твој део си оставио код тебе кући у Медвеђи. Тада си рекао да ћеш слушати само мене."

Прекинула је везу.

После само пар минута зазвонио је телефон Фадиљу. Разговора није ни било. Фадиљ се само насмејао и честитао. Прекинуо је везу, обратио се команданту Даји и рекао:

„Све је у најбољем реду, 500 хиљада немачких марака је већ кренуло према Албанији."

Док је Српкиња клечала и плакала, молећи за милост и живот сина и брата, сви су честитали Даји и Фадиљу на „добро обављеном послу".

Када се еуфорија стишала, Даја се присетио да она тражи још једног сина. Сигуран је био да би и за њега платила.

„Ти тражиш још некога", пита је сада, онако опуштено и „победнички" командант Даја.

„Да, тражим још једног сина."

„Имаш ли његову слику?"

„Имам, али само кад је био мали дечак."

„Нема везе, ако је и он овде на Косову, можда га нађемо. Колико би платила за њега?"

„За њега бих дала колико и за ову двојицу."

„Имаш ли пара?"

„Имам", одговара кратко она.

„Дај ту слику да видим", каже јој командант Даја.

Она се исправља мало, онако док клечи на коленима, завлачи руку у брусхалтер леве дојке и извлачи стару, црно-белу фотографију. Нешто је писало на полеђини. Извадила је слику и пољубила је.

„Ово је мој најстарији син, првенац", рекла је и пружила слику команданту Даји.

Узео је и дуго мукло гледао, рекло би се занемео. Онда је спустио поред себе на клупу. Преко ње ставља хеклер са пригушивачем. Репетира оружје, тихо и без нервозе наређује:

„Фадиљ, ти и твоји људи сте слободни. Од овога даље нема ништа, па ви полако крените. Време је. Поздрави твоје и Нуредина поздрави пуно."

Фадиљ зна да командант Даја не сме ништа да се пита. Устаје, даје знак пратњи да припреме возило. Поздравља се са Дајом и напушта "оду".

"Докторе, ова жена је сада добро, поведи медицинску сестру и слободни сте."

Ни доктор није смео да помисли да пита било шт, иако је видео на Дајином лицу неку чудну гримасу.

"Разумем", рекао је и изашао.

У "оди" су остали само Даја, жена која све време клечи и плаче, и она четири муџахедина.

Када су остали сами Даја поново узима ону слику и каже:

"Значи и за овога би дала колико за ову двојицу?"

"Да", поновила је она. "Он је мој првенац, увек је био најближи срцу. Тако је и сада. Само сам његову слику држала поред срца, ове друге су биле у ташни."

"Овде на полеђини слике пише неки датум", пита је командант Даја, али сада неким другачијим гласом. Као да је почео да саосећа са старом Српкињом која клечи испред њега, док он седи, онако, заваљен на каучу и гледа још једну српску жртву која клечи.

Српска браћа ухапсила Рамуша Харадинаја

Брат

Срце, бубрег, од Србина плућа,
ишчупаше зликовци, то не раде људи,
авионом носили, док су била врућа,
крај пута бацали празне српске груди.

Ко са њима прича, с' људима не жели,
опрашта им душе, наших мученика,
да помисле на то, они нису смели,
издајом се хвале, најгора су клика.

Све за паре, ил' за шаку злата,
опраштају наше, крвнику се диве,
да л' би свога опростили брата
кад би кости нашли покрај неке њиве?

Слика

„Је л' то можда датум његовог рођења?" наставља са питањима.

„Не, то је датум када сам га последњи пут видела. Тада сам га оставила и отишла. Његов отац ме је стално тукао. Није имао разлога, а тукао ме. Нисам могла више да трпим."

„Колико те је то малтретирао, да си морала да оставиш своје дете и одеш?"

„Нисам оставила само једно, оставила сам двоје деце и отишла."

„Па, зашто тражиш само овог, а не и тог другог сина?"

„Рођаци су ми јавили, давно, да је млађи син умро после мог одласка, а да нису ни доктори знали од чега. Зато тражим само овога. Он је жив, а ја тражим само живе", рекла је и почела да плаче, још јаче.

„Ко је жена поред овог дечака?" пита је на чистом српском језику, изговарајући тврдо Ч, што је било скоро немогуће за Шиптаре.

„То сам ја, са мојим сином. Са мојим првим сином. Од када су почели немири на Косову стално о њему размишљам", одговорила му је.

„Хтела сам некако да га нађем, да бар њега спасем. Имала сам намеру да га доведем тамо где живим са мојом породицом. Да будемо заједно, макар док ово лудило и ови ратови не прођу."

„Јеси ли покушала да га нађеш?", пита је Даја.

Тада се мајка расплакала најстрашније:

„Јесам! Послала сам сина и брата, дала сам им адресу где сам га оставила, дала сам им и пара да имају, само да га нађу и доведу. Плашила сам се да га не мобилише нека војска на овим просторима", прича жена као да се спремала на таква питања.

„Како ти се звао тај мали син, што је умро?"

„Агрон", одговорила је хитро.

„А овај кога тражиш, како се звао?" пита командант Даја.

„Он се није звао, он се и данас зове Агим, он је жив", одговорила је Српкиња и заћутала.

Није више било питања.

Када је Даја чуо и тај одговор затражио је од обезбеђења да донесу две чаше воде. Једну за њега, а другу за жену која клечи, чије сузе и даље капљу по његовим чизмама.

Обезбеђење се мало ишчуђавало, али нису смели ништа да питају.

Донели су две чаше, стаклене, провидне, али дебеле, са дршком. Као шоље за чај, само провидне.

„Само ми реци још, како ти се звао муж који те тукао, коме си родила два сина и више те ништа нећу питати. У ствари, рећи ћеш ми шта је био по занимању и престаће твоје муке", питао је Даја, видно узнемирен.

„Енвер се звао и био је полицајац у полицији Србије."

Када је то рекла, Даја је није ништа више питао.

Попио је гутљај воде из оне чаше, предложио је да и она попије и смири се мало. Српкиња, изморена свим што јој се догађа, ипак слуша Дају.

Узима ону воду и она пије један гутљај.

Како је дигла главу да би прогутала гутљај воде погледи су им се срели. Приметила је сузе у очима опасног команданта Даје.

Владар живота и смрти у болници и логору за Србе у селу Блаце се нешто разнежио и расплакао.

Обезбеђење се чудило, али то њих није смело да занима.

Даја полако устаје и каже:

„Милена, устани!"

„Откуд знаш моје име?" зачуђено пита Српкиња.

„То на слици сам ја, ти си моја мајка Милена", изговорио је љути ратник и клекао поред ње.

Љуби јој руку, плаче, моли за опроштај.

„Од оног дана кад си отишла, сањао сам дан када ћемо се срести. Чекао сам овај тренутак читавог живота. Нисам желео да наш састанак буде под оваквим околностима. Хтео сам да буде другачије. Ово је много тужно, а биће још тужније", вриснуо је он.

Више није био командант Даја. Сада је поново мамин син.

Подиже је, љуби јој руке, брише јој сузе.

Мајстор борилачких вештина, ратник, спортски тип, са лакоћом подиже крхку жену и спушта је на кауч.

Милена у шоку, не може да верује. Престале су и сузе да јој капљу. Не зна шта је задесило.

Да ли то она сања.

„Свих ових година сам те тражио, често сам те сањао. Твој лик сам заборавио, али нежност никада нисам.

Кад год бих те сањао, по два дана нисам хтео да излазим из куће. Нисам хтео да ми тај сан оде. Желео сам љубав и нежност тог сна да продужим што је више било могуће."

Српкиња, Милена, не верује и тражи од њега да спусти главу на њено крило. Кад је то урадио завpнула је крагну његове кошуље и угледала младеж. Тада је поново бризнула у плач и вриснула из свег гласа изговарајући његово име:

„Агиме, сине, ти си!"

„Ја сам, мајко моја, Милена. Ништа те не лажем. Ти и ја се више никада нећемо раздвајати", каже љути ратник, док грли мајку коју није видео око 17 година.

„Реци ми, сине Агиме, да ли ти знаш како и од чега је умро Аргон?"

„Знам мајко, али то никоме нисам смео да кажем, осим теби. Оног јутра када си нам спремила последњи доручак, када смо последњи пут рекли ‚мама', питајући један другога где си, тада ми је рекао, ако се не вратиш до сутра, он више неће да живи.

Ето, мајко, сам је одлучио да без тебе није хтео да живи. Тада је имао нешто више од три године и знао је шта хоће од живота.

Ја сам тада имао више од пет година. Нисам знао шта хоћу. Тек сада знам. Хоћу да останем са тобом заувек", изговорио је њен првенац Агим.

Док држи ону стару слику и гледа мајку како је била млада и лепа када је отишла, размишља како је сада стара и измучена. Она гледа слику сина Александра и брата Рајка.

Показује му ту слику и пита га:

„Када ћу их видети, сине Агиме, обећао си ми, чим пустим паре, да ћеш ми их довести."

„Нисам ти то обећао ја, то ти је обећао командант Даја. То је моје ратно име и то да лажем је мој ратни задатак. Даја је имао право да те лаже, а син то право нема."

„Шта је било са њима?", опет га пита мајка.

„Они више нису живи, мајко", једва је изговорио ту реченицу, грцајући од плача, давећи се у сузама.

„Испричај ми, молим те, зашто си послала мога брата Александра и мог ујака Рајка овамо, кад си знала шта се све догађа?"

„Рекла сам ти већ. Послала сам их да те нађу и доведу код нас, да ти се не би десило то што ти се десило.

Хтела сам да сви заједно живимо, да будеш добар као Александар, кога није било страх да дође овамо да помогне свом брату.

Па шта је било са њима, хоћеш ли ми рећи већ једном сине", опет пита жена, пуна неверице и наде истовремено.

Док су они причали своју последњу причу, у даљини су се чули пуцњи и експлозије мина. Српске снаге су кренуле из правца Суве Реке ка селу Блаце.

Јасно је: кренули су на болницу. Кренули су у освајање илегалне болнице која је истовремено била и заробљенички логор.

Експлозије, рафална паљба из више праваца, која се чула и у самој болници узнемирила је Дајино обезбеђење. Они нису ни знали да је Даја открио свој идентитет. Нису могли ни да претпостављају да обезбеђују, уместо љутог и крволочног официра УЋК, команданта злогласне илегалне болнице, сина ове Српкиње, кога су гледали као жртву коју ће пре или касније заклати.

Надали су се да ће им за тај чин клања Србина или Српкиње дати налог управо командант Даја.

Мајка Милена подсећа сина Агима да га је питала шта је било са Александром, њеним сином и братом Рајком.

„Њима сам, мајко, извадио крв до задње капи."

„Зашто си то урадио?" цвили мајка последњим атомима снаге.

„Рањен је био командант Гури, па сам морао. То је био мој задатак. Заклетву сам дао.

Командант Гури је имао нулту крвну групу. Он је могао да прими само ту крв, нулте групе. Од свих заробљеника само њих двојица су имала ту крвну групу.

Нисам имао избора", покушава да се макар мало, на тренутак, оправда највећи зликовац српског народа, до само пре неколико сати.

„Нулту крвну групу имаш и ти, сине Агиме", подсећа га мајка, којој је већ јасно да је пропало све. Само је хтела да проговори још коју реч са својим најстаријим сином. Ништа друго.

„Какав је то командант за кога си урадио толико? Братску си крв дао, сине мој Агиме, братску, а не нулту. Не знам ја шта је то нулта крвна група. Нисам много школована жена, али знам шта је братска крв. То је крв коју сам вам дала док сте још били у мојој утроби, у мом стомаку.

Тебе сам носила исто као све остале. Девет месеци. Тебе сам само мало више волела од осталих, јер ти си ми прво дете."

Агим само ћути, љуби руку своје мајке, без које је растао, али не њеном кривицом.

„Дао си и крв ујака Рајка и он је имао исту крвну групу. Зашто си то радио, зар ти није било жао те људе?"

„На њих нисам гледао као на људе", одговара сада командант Даја. „Они су били Срби. На обуци су нас учили да то нису људи."

„Лоше су вас научили. Твој отац Енвер иако ме тукао, увек је говорио да су сви људи исти, да постоје само добри и лоши.

Твој отац и ја људе нисмо делили по нацији. Зато смо се и венчали.

Он Шиптар и ја Српкиња.

Родила сам му два сина.

Зашто се одао алкохолу, не знам, али нисам осећала, нити наслућивала да ме тукао због тога што сам Српкиња. Није био такав човек.

Он и ја смо те највише волели, ми те никада нисмо тако учили.

Зашто си пристао да убијаш невине људе!", јаукала је све тише.

„То нисам радио ја, твој и Енверов син, већ злогласни командант Даја.

Он је личност која нема никакве везе са твојим сином.

Не знам да ли ти све то можеш да разумеш."

Агим примећује да мајка полако мења боју лица. Поцрнела је као да јој срце више не куца. Хтео је што више тога да поприча са својом мајком. Јасно му је било да она крај тог дана неће доживети.

А он?

Наслонила је лице на његове чизме, нема снаге ни главу да држи. Чизме опране, сузе слане и разлажу крв. Сузе лију, једина реченица коју понавља је:

„Зашто се све ово мени догађа?"

Агим седа на патос, поред мајке која већ губи и ову последњу борбу, борбу за живот.

„Мајко, да те питам још нешто?"

„Ко ме пита, Агим или Даја?" скупила је снаге да га подсети да није заборавила ни на сина Агима, ни на злогласног команданта Дају.

„Твој син Агим те пита.

Кад сам наредио да ујака и брата оног старог Србина и оног младог момка одведу на трећи спрат, да би им извадили крв, стари ме замолио да иде само он, а момак да остане. Хтео је да ми објасни да ће бити довољно крви и код њега, изнервирао сам се и ударио га песницом. Пао је, али је одмах и устао. Зашто је тражио да иде само он, а да млади Србин остане?"

„Знао је, сине Агиме, шта их чека. Покушао је да маломе продужи живот, макар за неколико дана.

Имао је добру душу, своје деце није имао, моју је волео, мислим и више него што би волео своју да их је имао.

Дана није било да није помињао тебе и Агрона. Никада вас није заборавио, иако сте били мали кад смо престали да се виђамо.

Никада није хтео да оде у кућу из које сам побегла од батина твог оца, ни вас да види.

Кад год би се тебе ужелео, док си био мали, пошто је Агрон рано умро, знао је да си сам и то га је мучило, одлазио је у оближњу школу, гледао те како се играш са децом из одељења, пратио те кад кренеш сам кући."

„Реци ми, мајко, молим те, зашто је тражио од мене да ми пољуби прстен на десној руци, којим сам му поцепао образ, када сам га ударио?"

„Њему си, сине Агиме, тада поцепао лице, теби си поцепао образ, а мени се цепа срце и душа док ми све ово причаш.

Не знам зашто је тражио да пољуби прстен, био је храбар, не верујем да је хтео да моли за милост."

„Не, није молио за милост, само је тражио да пољуби прстен. Одбио је да ми пољуби руку, иако сам и то тражио од њега."

„Дај да видим прстен који ти је љубио", тражи мајка Милена, последњим трагом снаге и живота.

Узела је Агимову десну руку у своју леву. Својом десном руком је држала његову леву и онај прстен.

„Знам, сине, сада знам зашто ти је љубио прстен. То могу да ти кажем, само ако ми дозволиш да и ја пољубим тај исти прстен, који је њему поцепао лице, теби сине Агиме образ, а мени срце и душу."

„Немој мајко, молим те, да ми љубиш руку, ја теби све време љубим руке, тога сам жељан. То сам сањао целог живота. Немој, молим те."

„Нисам рекла да ћу да ти љубим руку, то не бих и када би то тражио од мене. Одбила бих те исто као мој брат Рајко што је одбио да те пољуби у руку. Ја љубим ове чизме које су ти сачувале ноге, али не могу руке, које су крваве.

Рекла сам да ћу ти све рећи тек кад ми дозволиш да и ја пољубим тај прстен, исто као што га је и мој брат Рајко пољубио.

И мени ће то, вероватно, бити последњи пољубац, као и њему."

„Неће ти бити последњи, мајко, ти и ја се више никада нећемо одвајати, љубићу ти руке, лице и ноге свакога дана, свакога сата, свакога минута, сваке секунде.

Ево, пољуби ми прстен и реци, то ме много интересује", кроз сузе јој рече њен најстарији син, онај због кога је читавог живота лила сузе, кад је остајала сама у кући, онај за чије здравље је палила свећу, кад год би ушла у цркву.

Мајка Српкиња, са обе своје руке узима руку команданта живота и смрти, продавца људских органа, продавца људске крви, преваранта и официра УЋК, пријатеља Сејдије Весељи, човека који је спасио команданта Гурија убивши јој сина и брата, а себи брата и ујака, љуби му сваки прст посебно, па тек на крају пољуби прстен и са обе руке га припија уз леву дојку, уз срце.

„Сине, ово што сам ти љубила прсте – то сам пожелела сама, сетила сам их се колицки су били када сам их последњи пут љубила, а ово што сам пољубила и твој прстен, то значи да ћу ти рећи зашто га је пољубио и твој ујак, мој рођени брат Рајко. Он је од тебе, сине, тражио да пољуби тај прстен зато што га је препознао."

„Како препознао?"

„Када си се ти родио Агиме, он је први дошао да те види. Када сам ја подигла прекривач којим је била прекривена колевка у којој си ти спавао, он је заплакао од среће.

Обичај је да се мушком детету стави нешто златно, дукат ако се има могућности, под јастук и поред неке симболичне суме пара које се увек, приликом првог сусрета са новорођеном бебом, стављају под јастук.

Сећам се одлично, твој ујак Рајко је заплакао, отишао је испред куће и из пиштоља испалио шаржер метака у ваздух, јављајући селу да се родило мушко дете, коме се сви радују."

„Мој ујак је и тада имао пиштољ", чуди се Агим. „Па, кад су га заробили ови моји није имао ништа код себе. Зашто?"

„Имао је пиштољ тада, у комунизму. Ретко ко је могао да има оружје са дозволом, ако није био полицајац или војно лице. Тај пиштољ му је поклонио твој отац Енвер и као полицајац српске полиције од угледа, извадио му дозволу за ношење.

То што није имао ништа код себе кад су га киднаповали, нисам знала да су били твоји, то си ти малопре рекао, па он није пошао да ратује, већ да потражи сестрића Агима.

Тада, кад је испалио цео шаржер метака, радујући се твом рођењу, вратио се у кућу.

Из новчаника и џепова је извадио све паре које је имао, ставио ти је под јастук, уствари целог те прекрио новчаницама. Колевка у којој си се љуљао била је пуна пара.

Тада је он, сине мој Агиме, скинуо прстен са своје руке, баш тај који ти сада носиш, ставио га теби под јастук, мали, бели, везени јастук, на њему твоја мала глава стара само четрдесет и шест дана, а испод њега прстен мога брата, твога ујака, који је он добио од наше мајке, а твоје бабе Стане.

Ту слику никада нећу заборавити.

Зато је он хтео да га пољуби. Добро си урадио што си дозволио да пољуби тај прстен. Сигурно се сетио срећног времена.

Сетио се како су он – мој брат Рајко и Енвер, твој отац, а мој муж, целе ноћи пили, певали и пуцали од радости.

Такав је обичај био, уствари, још увек је на овим просторима."

Син је више ништа не пита, а мајка, као у тужбалици, сама наставља:

„Певали су разне песме, српске, шиптарске, партизанске, али највише су певали о другу Титу и Југославији.

Тако је твој ујак Рајко прославио рођење свога убице."

Мајка Милена то изговара и сручи се на сред собе.

Пуцњава са спољне стране просторије у којој су били све се јаче чула.

Муџахедини су се узнемирили, па су и они почели нешто да причају језиком који њихов командант Даја не разуме.

Стајали су на својим местима по двојица са леве и десне стране врата. Један од њих је извукао огроман нож из футроле која се налазила испод јакне. Није било могуће видети га, док се јакна не раскопча.

Командант Даја се изненадио, али је употребио знање и вештину коју је научио на додатном курсу УЋК. Курс за официре УЋК је подразумевао и обуку за решавање и оваквих ситуација.

Док је мајка Милена лежала на патосу, једва дисала, онај који је извадио нож, покретом леве руке испод грла показује команданту Даји да би је требало заклати пре него што дођу српске снаге.

Нису знали да то више није био командант Даја. Него син Агим.

Брзо је размишљао, знао је у да оваквим ситуацијама не сме да им остави времена да реагују, није смео ни да им се супротстави.

Отворио је прозор, узео свој хеклер и показао им како треба да је закољу, али претходно да сви пређу поред прозора, да би пружили отпор српској полицији.

Послушали су искусног официра УЋК и сва четворица су стали један поред другог. Испред команданта Даје.

Командант Даја је баш то хтео.

Када је онај муџахедин који је претходно извадио нож, сада олизао језиком оштрицу ножа и покушао да закорачи према Српкињи Милени, њен син подиже хеклер, рафалном паљбом убија сву четворицу муџахедина који падају један преко другог. Кркљају, гуше се у сопственој крви, али се још чују. Један успева да тако рањен седне на столицу.

Стари терориста, официр УЋК зна да не сме ништа да препусти случају. Мења шаржер који је испразнио и сваком појединачно испаљује још по један метак у главу.

„Оверава их."

Агим баца свој хеклер на под, прилази мајци и покушава да седне поред ње.

Она му не да. Тражи од њега да стоји.

Поново му грли чизме, љуби их, сузама их пере и док се борила са душом која је полако напуштала, рекла му је:

„На крајњем северу Србије, у близини Сомбора, имаш још једног брата Андрију и сестру Ану. Нећеш бити сам.

Сада си ти на потезу. Тражи ти њих, они су тебе покушали да нађу, а ја више не могу.

Опрости ми, сине Агиме, што нисам издржала да ме твој отац и даље бије и остала покрај тебе и Агрона.

Опрости што сам тебе и твог брата оставила да растете без мајчинске љубави."

Агим је слуша, гуши се у сузама, плаче на сав глас и каже:

„Опрости ти мени мајко, убио сам ти сина и брата."

„Ниси ти мени убио никога, ја сам готова, идем код њих. Ти си, сине, убио свог брата Александра, који је твоју слику држао у својој спаваћој соби и свог ујака Рајка који ти је поклонио онај прстен.

Волео те је више од себе самога.

Мајка ти све опрашта, само Бог нека ти опрости и помогне."

То је изговорила, надљудском снагом је стегла чизме свога сина првенца, Агима. Тако је и душу испустила.

Агим, видевши да му је мајка умрла заурлао је из свег гласа. Покушава да ноге ишчупа из њеног самртног загрљаја.

Не успева.

Само је сео поред ње, узео је њену руку и почео да је љуби.

Причао јој је као да га чује.

Више није био љут ни на кога. Србима је све опростио и оно за шта нису били криви.

А себи?

И о томе је већ донео одлуку. Себе је хтео да казни.

Пуцњава, борба која се водила између снага српске полиције и припадника терористичке УЋК, као да га више није интересовала.

Једноставно, понашао се као да је и он већ мртав. Погледао је у гомилу пушака разбацаних по „оди", али о пружању отпора није размишљао...

Тако сам га и затекао када сам са мојим људима упао у ту болницу.

Испунио сам му жељу да га саслушам.

Причао је брзо и много тога. Оно што ме чудило само до једног момента, је то, како добро говори српски.

Када је рекао „Устани, Милена" и то ми је постало јасно.

Да ли сам све запамтио?

Не верујем!

Записао сам само оно чега се сећам.

Мора да је рачунао Агим на то да ћу добро запамтити његову трагичну исповест и да ћу је можда и записати, па ми је зато и поштедео живот.

Хтео је да он, његова мајка Милена и њихова судбина буду живи вечно.

Зато ми се и обратио са молбом да изађем из просторије како би се опростио од мајке. То ми је објаснио тако, да нисам могао да му не удовољим.

Носио сам униформу српског војника. А у традицији српског војника је да буде племенит и према својим непријатељима када се за то укаже прилика и потреба.

Нисам смео да обрукам српског војника и српску војску.

Рекао ми је да жели да се опрости од мајке Милене, да га је срамота да, као официр УЋК, и даље плаче предамном.

Зато сам изашао и оставио их саме.

Чудно сам се осећао када сам устајао, размишљао сам о људским судбинама на овим балканским просторима.

Признајем, у тренутку када ми је с ума отишло оно о чему је причао, злодела која је правио, када сам у сећању спојио његово детињство и данашњи дан, без периода који је провео у терористичкој организацији УЋК, било ми га је жао.

Био сам у шоку шта ми је све испричао, нисам ни размишљао о могућнсти да га на крају одбијем и да не изађем.

Као да смо се некако зближили.

Гледао сам га са каквом нежношћу је љубио руку мртве мајке.

Зашто ми је све испричао цео свој живот? Ваљда му је било потребно да то некоме каже, хтео је да исприча мами Милени, али она није издржала.

Жена, обучена у црно, како налажу обичаји православаца, опомиње ме да је то заиста мајка тог официра УЋК, злогласног Даје.

Изашао сам са намером да још коју реч разменим са њим.

Изненадна експлозија која се догодила након мог изласка, само што сам затворио врата, однела је ту наду.

Укочио сам се. Стао сам уза зид, претпостављајући да је то само његов маневар и да ће покушати бекство, то би значило још коју експлозију.

Када сам узимао хеклере оних муџахедина, нисам ни размишљао да их претресам и тражим бомбе. Знао сам да имају обичај да у таквим ситуацијама изваде осигурач, бомбу завуку у дупли џеп, који онемогућава да експлодира док год је неко из тог специјалног џепа не извуче.

То су требали да раде момци из одељења контрадиверзионе заштите (КДЗ).

Агим, вероватно, када је видео мајку Милену мртву, више није имао чему да се нада. Хтео је да одржи задату реч коју јој је дао, када је сазнао да му је мајка.

Рекао је да се више никада неће раздвајати.

Није је преварио, није погазио реч.

Имао је тешко детињство, па се, упркос свему, понадао да ће га на неки начин надокнадити у овим годинама уз љубав његове мајке Милене.

Живот га ни сада није мазио. Опет је осетио топлину мајчиног пољупца, загрљај који само мајка може детету да пружи, као својеврсну заштиту, тежину мајчинске сузе којом му је прала чизме.

Све је то могло утицати на одлуку да се убије.

Све то заједно било је исувише лепо, да би се изгубило у секунди и преболело. Изгубило се јесте у тренутку када је његова мајка умрла.

Ни мене није преварио: добро сам чуо шта је његова одлука.

Преболети није могао. Није био довољно одлучан, па да своју судбину реши као мали Агрон који је једноставно одлучио да по одласку његове мајке Милене неће више да живи.

Агрон је једне вечери само легао да спава и није се пробудио. Бол за мајком је била толика да је дете од неколико година престало да дише намерно. Наредило је свом малом срцу да стане.

Није хтео да му срце куца а да не може да чује и срце маме Милене, када јој главу наслони на груди.

Агим је у помоћ позвао оружје. Бомбу.

Исход је био исти, разлог исти, а драстично различит начин на који је престао да живи у односу на Агронов.

Тако је хтео Агим, мамин миљеник.

Бистрица

Бистрица је река, сад добила боју,
и ток су јој променили они,
божур је Косовски, обновио своју
сад се јаук чује, утихнуо звоник.

И Бистрица плаче, црвена је сада
крв је Српска, каменом потекла
река стара, а боја јој млада,
тајну чува, ником није рекла.

Тужно хучи, не жубори више,
за Србима тако и вода тугује,
ко по воду оде, престаје да дише,
поклали их Шиптари, мора да се чује.

Експлозија

Улазимо опрезно кроз разваљена врата и угледах стравичан призор.

Грудни кош шиптарског официра УЋК је био разнесен. Гелери бомбе су раскомадане делове грудног коша разбацали по целој соби. Само је срце остало цело. Оно се још померало, хтело је да живи. Али све вене које су требале до њега да допреме крв су покидане.

Лежао је преко мајке Милене, тако да му је глава остала у положају у коме је дете држи док га мајка доји.

Агимова глава је била окренута лицем према Милениној левој дојци, која јој је служила да сачува ону слику коју му је показала.

Младеж на врату се видео.

У њеној руци је остала слика сина Александра и брата Рајка.

Она је тихо испустила душу, могла је да исконтролише да и у тренуцима када се са душом раздвајала слика сина и брата остане читава. То јој је једино и остало од њих двојице.

У Агимовој руци је била згужвана слика коју му је дала Српкиња, која је трагала за својим синовима.

Само који минут раније на тој слици командант Даја је препознао себе, када је био дете и сазнао да поред њега стоји његова мајка Милена. Стајала је и сада пред њим и умрла пред њим.

Заклетвено одан и веран УЂК и Сејдији Весељи, могуће је да се у тренутку када му је мајка умрла поново трансформисао из маминог сина Агима у љутог официра УЂК и одлучио да одржи задату реч: Ако буде откривено његово право име дужан је да се убије.

Име је сам открио, али се сам и убио.

Није хтео да погази дату реч.

Отети

Српску нејач, све поштене људе
отели су Шиптари, мора да се каже,
и стих овај помен нека буде,
јер истину збори, а песма не лаже.

На хиљаде нејаких и невиних људи,
отели су зликовци под командом Змије,
песма ова савест нек' пробуди,
нема рашта Србин да се крије.

Војска славна још од памтивека,
преживљава муке, к'о никад до сада,
издајника шачица, скупила се нека,
с' херојима српским, она би да влада.

Неће моћи, верујте, ми људи,
придиг'о се Србин, лежао је доста,
за бој спреман, сада брате буди,
на хиљаде Срба по јајама оста.

Нећемо их ваљда оставити тако,
своје душе крвнику су дали,
без оружја они, није било лако
за живота спас, издат' нису знали.

Увиђај

Позвао сам неколико момака из јединице коју сам водио. Наредио сам им да сва тела натоваре на камион и да их однесу на обдукцију.

Тражио сам да истражни судија из Призрена изађе на лице места.

По извршеном увиђају јасно је било да смо открили и уништили не само још један логор за киднаповане Србе, него и болницу у којој је српска крв претакана у вене најмрачнијих непријатеља српског народа и српске државе!

Али тада нисмо могли утврдити зашто су Шиптари на овај начин, од свог народа створили терористе, од својих кућа терористичке ћелије, од села у којима су живели терористичке базе и прихватне центре – све против Срба. А од државе Србије чији су дотле били грађани, попут свих, направили полигон за уранијумске товаре НАТО авијације.

НАТО удружење нас је све заједно бомбардовало, сви смо исто преживљавали, све је то једнако болело када гелер погоди. Куће су једнако гореле свима.

Разлика је била у томе што су они Србима отимали и територију и животе.

Срби су били огорчени на НАТО авијацију тада. И заувек.

А Шиптарима су обећали Државу.

Шиптари су се НАТО бомбардерима радовали тада. Њихови вође и команданти славе их и даље: њима су донели „државу", власт, моћ. Шиптарском народу не. Они су их славили само тада.

Али – нема победника. Рат свима доноси патњу, страдање и смрт.

Једино је смрт дефинитивна.

Тенк

И тенкови сада ови
што у Србе цев окрећу,
једног дана биће снови,
зло доносе, а не срећу.

Тешко оном кога бране,
од помоћи нису они,
с' чије ли су сада стране
за Србима звоник звони.

Гласе шаље Богу милом
ко протера дечји смех,
отимају земљу силом,
све што раде, то је грех.

Дете српско у њих гледа,
не плаши се безимених,
храброшћу им мира не да,
написа им само стих.

Ви без лица и имена,
вратите се вашој деци,
и за вас је стигла смена,
ал' стихови нек' су метци.

Њих чувајте, то су ваши
нек наш тата њиву оре,
ни већа нас цев не плаши,
видећете једне зоре.

Када божја правда дође
грешнике на страшни суд
и ваша ће тад да прође,
злочин то је, а не труд.

Да ли сам погрешио...

Роман или извештај са терена? То ми није јасно ни сада када сам завршио ову причу.

Нисам могао да претпоставим те, предратне 1998. године, да ће ме то што сам чуо од шиптарског војника прогонити читавог живота. Још мање сам се могао надати да ће од приче тог мученика и мучитеља настати овај запис.

Али – судбина Агима-Даје је толико изузетна, са толико симболике, да је ово најмање што сам могао да урадим за спомен на његове невине жртве, српске цивиле са Косова и Метохије. Па и из читаве Србије.

Ово није посвећено Агиму-Даји. Али без истине коју ми је испричао не бих сазнао ни за муке наших страдалника.

Да ти голу истину прича непријатељски војник, кога си заробио у једној антитерористичкој акцији, по својој изричитој жељи, то није било предвиђено ни у домену теорије ратовања.

Поред осталих вештина, које се у војним школама уче, као вештина ратовања и преживљавања у ратним условима, посебна пажња и не тако мало времена, проводи се учећи како непријатељског војника да приволиш на сарадњу и да одлучи да ти одговори на питања која му поставиш, са што мање муке.

Ово је била нова ситуација у којој заробљеник моли да му се да шанса да говори.

Да ли је требало да то прихватим – не знам.

Да ли сам морао да изађем – не знам.

Да ли сам погрешио када сам изашао или бих погрешио да то нисам урадио – ни то не знам.

Да сам остао – можда би командант Даја активирао бомбу и у мом присуству. Убио би и мене, српског полицајца, љутог непријатеља.

Зашто је тражио да изађем?

Шта је хтео да ми стави до знања?

Можда због нечега није хтео да ме убије?

Шта ли је хтео да ми стави до знања, о томе размишљам често. Најближе здравом разуму, ако се тако може размишљати о овоме, после свега што ми је испричао и онога што сам у том рату преживео, јесте да је хтео да ме подсети да је остао веран УЋК, да после мајчине смрти поново постаје командант Даја, који испуњава задату реч.

Заклео се свом команданту Сејдији Весељи, који га је и промовисао у чин официра УЋК, да ће се убити, ако било ко сазна његово право име.

Обећао је. Заклео се:

„Ако ико сазна моје право име, у интересу Велике Албаније и УЋК, чији сам официр постао, убићу сам себе!"

Све ово је потврдио активирањем оне бомбе. Одржао је реч на свим пољима.

Остао је веран шиптарском тероризму.

Остао је веран својој војсци.

Остао је веран свом команданту Сејдији Весељи, који је постао официр злогласне албанске Сигурими службе још док је био лаборант Центра за заштиту здравља у Приштини. Имао је српски пасош а легитимацију албанског Сигуримија.

Да ли се Агим, или командант Даја, мени захвалио што сам му омогућио да ми све ово исприча?

Да ли ме је замолио да изађем, како она бомба не би убила и причу коју је тако жарко желео да исприча – не знам.

Док ми је причао, сећам се, обраћао ми се као да се дуго знамо, као у поверењу, са неком надом да његова исповест неће остати непозната. Очи су му биле мртве. Глас као да је долазио већ с оне стране живота.

Оно у шта највише верујем јесте – да је њему било свега доста.

Истина коју је сазнао од мајке Милене није могла да се преболи.

Убио је свога брата Александра и мајкиног брата Рајка, који су пошли њега да траже, да би га спасили ратних страхота.

Узео им је крв, до задње капи, да би спасио команданта Гурија, кога је ранио неки српски официр, који је касније узео његов надимак.

Шиптарски командант Гури је многе Шиптаре завео, одвео у пакао рата, па и Агима-Дају. Србин, који га је ранио показао је у рату да је чвршћи српски камен од мржње шиптарског терористе.

Наши

Чујте, браћо, и мртви су наши,
шта би с' њима, нисмо их видели,
зар вас неко из далека плаши,
за мртвога брата, што нисте питали.

Није брат само стара слика,
крв је наша остала далеко,
сваког дана нова је прилика,
зашто срце, ишчупа му неко.

Издајници браће, са крвником зборе
со на рану, љуту нам сипају,
хоће нове услове да створе,
па да српско срце опет ишчупају.

Лаб

Река чиста, око ње је граб,
гледала је жртве, хладила им ране,
док су Србе клали, покрај реке Лаб,
преклињала Шиптаре да покољ престане.

Молбу нису чули, злотвори су то
и нејач су клали, кезили се скоти,
не праштајмо браћу, велико је зло,
зликовац се не рађа, он се само коти.

К'о са њима збори, од исте је феле,
нек' се окот дружи, нећемо са њима,
душе братске чути не би смеле
да икаквог збора са крвником има.

Мируша

Река мала, име јој Мируша,
жубором је текла, утихнула сада,
и у њој је остало много српских душа,
предала јој своју и невеста млада.

Пошла беше да пере 'аљине,
до реке је стигла, певушала она,
тражи Шиптар да се млада скине,
тад црквена за њом јаукнуше звона.

Своју младост предаде Мируши,
не зликовцу, да је осрамоти,
и мир нађе девојачкој души,
метохијску воду, сада она кроти.

Ново Брдо

Метохија наша, Косметска равница,
немирне су нешто, к'о да слуте чудо,
да запева неће, човек, ал' ни птица,
јауком одзвања, сад и Ново Брдо.

Поносни су Срби и усправно стоје,
пред убицом својим, који сабљом прети,
коме ли се дани сад последњи броје,
реци нама, наш Лазаре свети.

Шта се спрема, шта ће с' нама бити,
нико ништа јавио нам није,
без оружја нек' смо, нећемо се крити,
смрт све чека – јунак јој се смије.

Чије срце је куцало последњом снагом у мртвом телу Агима-Даје

Ломило ме једно размишљање свих ових година:

Агим је био ванредно интелигентан човек, могао је да претпостави да младић који има исту крвну групу, изузетно ретку, нулту крвну групу, младеж на врату, на истом месту на коме је имао и он, може да му буде брат или ближи рођак.

Знао је да је његова мајка Милена Српкиња. Никоме о томе није причао, иако су у Штабу то знали.

Зашто се толико доказивао као сурово безосећајан и крволочан према нацији своје мајке?

Да ли се мајци светио за ускраћену љубав и заштиту у раном, несрећном детињству?

Командант Даја то није знао, хтео или није смео да каже ни мени, на крају свог живота.

Може ли бити да се сетио малог брата Агрона, који је умро од туге за мајком? Није имао ни четири године. Ничега није био свестан, осим да толико воли мајку, коју је тата тукао, да неће да живи без ње.

Када је мајка испустила душу, грлећи његове крваве чизме, повукла га је за собом!

Командант Даја није издао команданта Сејдију Весељи, Велику Албанију, УЋК, није погазио своју задату реч.

Остао је доследан.

А Агим није хтео да изда и превари мајку Милену. Обећао јој је да се никада више неће раздвајати.

Отишли су заједно.

Хтео је да се извини брату Александру, који је пролио своју крв, да би до њега стигао и спасио га.

Желео је да тражи опроштај од ујака Рајка.

Да ли је то је хтео Агим, или командант Даја?

После великих злодела која је починио недужним људима, опроштај од Бога није тражио.

Сматрао је да га не следује.

Заборавио је да је Бог свемоћан и праведан, али пре свега милостив, можда би му и опростио или га праведно казнио, што је једна врста опроста.

Бог је хтео да му помогне, само је требало да се сети Божијих заповести, замоли за опроштај и то би било довољно да се понада опроштају.

Док је још био дете, Агим се молио Богу свакога дана, са само једном жељом: да му омогући да се сретне са мајком Миленом.

Бог је услишио молбу и они су се срели.

Да је признао пред Богом грехе које је починио, молио се за опроштај или праведну казну, Бог би, као једини праведник на планети, праведно пресудио. Самим тим би му и помогао.

Оно што је урадио Агим, или командант Даја, то није била Божија воља.

То је била воља једнога од њих: Агимова, команданта Даје или команданта Сејдије Весељи.

Ко је то урадио, ко је активирао бомбу, Агим или командант Даја, то само Бог зна.

Ви који ово прочитате, кривите кога хоћете од њих двојице или тројице. Кривац је на ко зна којој страни.

У сваком случају, грешници су убијали невине људе.

Можда је Агим убио команданта Дају.

Можда је командант Даја хтео да клекне испред својих жртава.

Чије ли је срце откуцавало последњом снагом у разваљеним грудима исповедника ...

Оно, које је носило терет свега што се скупило између злочиначке шиптарске идеје и невине српске крви, која је текла његовим венама.

Жртва

Из обести кад неког убијеш
и помислиш да си херој пост'о
кад од страха почнеш да се смијеш,
к'о и жртва, без душе си ост'о.

Она мртва – постиђена није
да си херој у заблуди ти си,
жртвина се душа у сутону смије,
савест твоја над главом ти виси.

Душа жртве у сећању живи,
сваког јутра испред тебе дође,
што је уби крвника не криви,
Божја казна неће да те прође.

Твоја сад је и ничија друго
душа жртве у сан се пресели,
шта је с тобом реци сада, туго,
тебе плаши Алах, не Анђео Бели.

Правда Божја свима је суђена,
жртва твоја не зна што је пала,
је л' ти савест сада пробуђена,
без отпора душу ти је дала.

Знаш ли зашто радио си тако,
мислио си оружје је моћ,
над невином жртвом убица је плак'о,
место зоре призвао си ноћ.

Жртва ћути, глас си јој узео,
ти се кријеш, она је у тами,
Богу признај јеси л' је мрзео,
храбар да си био, не би били сами.

Жртва са својима који је још траже,
постао би херој, смрти било не би,
да си Човек неко те сад лаже,
за истину Божју херој дао све би.

Једном буди човек, кажи где их баци,
захвалност ћеш добит од костију жртве,
да се људски сахране ти земни остаци,
иако су кости — оне нису мртве.

Да би мртве биле у гроб треба да су
такву тајну кукавица крије
проклет да је ко им кости расу,
што убица људи мртвима се смије.

Деца те сад моле, прошле су године
кажи где им тату без разлога уби,
да га у гроб спусте, да их жеља мине
у сну да их тата по некад пољуби.

Убица је исти, он нацију нема,
дете кад заплаче оно тату зове,
какво ли се јутро убицама спрема
за истину Божју у походе нове.

Плач дечији разумемо сви,
капу на колена, па истину кажи,
да њихове душе не сањамо ми,
сад се твоја душа са жртвином тражи.

Кад се буду нашле, сви ће заплакати,
за све жртве што границе руше,
крвницима својим све ће опростити,
да се људски сахране кости покрај душе.

Суочавање

Борба после рата

После ове исповести шиптарског војника и свега што сам преживео те предратне 1998. године на Косову и Метохији, сигуран сам био да је са ружним делом живота завршено.

Било је много ружно да би тога било још.

Није било тако, догодио се и рат.

О томе шта се свима нама са ових балканских простора догађало у том рату 1999. године, када смо бомбардовани, многи су писали. Писао сам и ја о томе, нисам сигуран да је писање завршено, али што је још тужније нисам сигуран ни да су ратови завршени.

Очекивао сам, као и многи моји другови, активни учесници рата, да ће држава на нас све мало погледати и бринути, јер смо ратовали за њу.

Непосредно после рата дешава се скоро „револуција". Петог октобра 2000. године са власти је на преваран начин свргнут Слободан Милошевић, председник државе и врховни командант оружаних снага.

Под његовом командом смо бранили земљу, ратовали.

Његовим свргавањем с власти падају у воду све оне наде да ће нама, борцима после рата бити боље.

Све се окренуло наопако.

Ми који смо ратовали, бранили државу и народ проглашени смо за злочинце, заједно са нашим командантима. Многи од њих су завршили у хашком казамату. Тамо су их утамничили и послали они који су спроводили интересе неких мрачних сила које нису мислиле добро Србији и српском народу.

На власт у Србији су дошли они који су у време бомбардовања спас нашли баш у оним државама из којих су полетали авиони који су бомбардовали српски народ, српску државу и све што се у том тренутку налазило на територији старе европске државе Србије.

Ми борци, сви заједно, смо пали у немилост нових властодржаца, а старих дезертера. Нико на нас није гледао као на борце са заслугама, већ смо били маргинализовани и на нас је гледано као да смо ми бацали бомбе из оних авиона са НАТО ознакама.

Зашто је то тако било никада ми неће бити јасно.

Сигуран сам једино да уколико нисмо спремни праве вредности да поставимо на права места о нашој судбини ће и даље одлучивати они који нас не воле.

Где су они сада

1. Фљорим је касније ухапшен у Скопљу, као учесник оружане пљачке једне банке.

2. Дестан је постао шиптарски полицајац.

3. Нуредин је професор на полицијској академији у Вучитрну.

4. Фадиљ је шиптарски полицајац.

5. Мет Касуми и даље ради исто.

6. Сејдија Весељи је херој терористичке УЋК.

Аутор Славко Никић

Биографија аутора

Рођен сам у српској Приштини 20. 4. 1960. године. Школовао сам се у Приштини и Београду.

Као оперативац криминалистичке полиције, још док није постојала институција убаченог иследника, успевао сам да се убацим у најокорелије и најзатвореније наркокартеле шиптарских бандита и откријем их.

У време ратова 90-тих година сам стигао и до легендарног команданта Ратка Младића. Од њега добијам признање за помоћ коју сам пружио српском народу преко Дрине у праведној и одбрамбеној борби коју смо водили.

Бомбардовање 1999. године има посебну важност у мом животу. Бранио сам моје Косово и Метохију, бранио сам мој родни крај. Показао сам мојој држави Србији да је најискреније волим. У чину ратног пуковника, на челу јединице која је имала посебан задатак сво време бомбардовања провео сам борећи се против шиптарских банди које су покушавале да територију Косова и Метохије напусте бежећи од злочина које су направили над српском нејачи према Црној Гори. У тој борби заробио сам 64 шиптарска бандита који су ми признали да су правили злочине.

Године 2003. покушавам да благовременим информацијама које сам доставио државном врху спречим убиство премијера, др Зорана Ђинђића. Доживљавам незапамћену неправду од оних који су се „клели у верност" Зорану Ђинђићу. ДОС је хтео да ја будем иза решетака. Ухапшен сам у акцији „Сабља" под оптужбом да представљам опасност за државу Србију и њене грађане.

Ослобођен сам као невин и плаћена ми је одштета, као и многима. Ђинђића нисмо могли да вратимо иако сам, као официр Слободана Милошевића, кога се никада нисам одрекао покушао да га заштитим. Тадашња власт коју је водио ДОС то није хтела.

По изласку из затвора престајем да верујем да постоје добри људи и праве патриоте. Седам година живим сам и доносим одлуку да то самовање прекинем писањем.

Књиге које сам објавио су:
1. „Исповест Можда",
2. „Забрањено сећање",
3. „Јована",
4. „Мала",
5. „Служба"
6. „Жртве",
7. „Мина",
8. „Златна нит, не само приче",
9. „Афоризми".

Ово што сада радим је роман по истинитом догађају и мом сећању, он носи најтужнији наслов „Нулта крвна група".

Данас живим у Београду. Пишем. Помажем своју државу истином којом су ме задојили моји родитељи.

Садржај

Љиљана Булатовић:
   Жестоки запис честитог ратника
   или
   Крвава исповест џелата ОВК 5

Посвета читаоцима 9
   Јована 15
Сведок и записничар......................................17
Наређење..21
   Крст 29
Последња исповест..31
   Тата..37
Освета 39
   Сам 45
Буђење...47
   Небо..51
Нова обука 53
   Стих Српског војника 55
Ратни распоред...57

Мимоход 73
Последњи кораци 75
Мајка 85
Специјална понуда 87
Брат 119
Слика 121
Бистрица.. 141
Експлозија 143
Отети 145
Увиђај... 147
Тенк 149
Да ли сам погрешио... 151
Наши 155
Лаб 156
Мируша 157
Ново Брдо 158
Чије срце је куцало последњом снагом
у мртвом телу Агима-Даје 159
Жртва 163
Борба после рата 167
Где су они сада... 169

Биографија аутора 171

Славко Никић
НУЛТА КРВНА ГРУПА

Издавач
„РАД"
Београд

Слог, прелом и дизајн корица
„Графика",
Београд

Штампа
„Динекс"

Тираж
1000

Јануар
2013.

CIP – Каталогизација у публикацији
Народна библиотека Србије, Београд

821.163.41-94
821.163.41-1

НИКИЋ, Славко, 1960–

Нулта крвна група / Славко Никић Велишин и Косин. – Београд : Рад, 2013 (Београд : Динекс). – 176. стр. ; 21 cm

Тираж 1000. – Стр. 5–8: Жестоки запис честитог ратника или Крвава исповест џелата ОВК – књижевница Љиљана Булатовић Медић

ISBN 978-86-09-01052-1
COBISS.SR-ID 196080908

www.ingramcontent.com/pod-product-compliance
Lightning Source LLC
Chambersburg PA
CBHW062221080426
42734CB00010B/1973